146

RAZÓN Y REVELACIÓN
EN LA EDAD MEDIA

ÉTIENNE GILSON

RAZÓN Y REVELACIÓN EN LA EDAD MEDIA

EDICIONES RIALP

MADRID

Publicado originalmente: Etienne Gilson, *Reason and Revelation in the Middle Ages* (1938); edición revisada por James K. Farge, con una introducción de William J. Courtenay (Toronto: Pontifical Institute of Mediaeval Studies, 2020). © Pontifical Institute of Mediaeval Studies.

© 2025 de la traducción de Luz Karina Barba de Parra
by EDICIONES RIALP, S. A.,
Manuel Uribe 13-15 - 28033 Madrid
(www.rialp.com)

Preimpresión: produccioneditorial.com

ISBN (edición impresa): 978-84-321-7084-3
ISBN (edición digital): 978-84-321-7085-0
ISBN (edición bajo demanda): 978-84-321-7086-7
ISNI: 0000 0001 0725 313X
Depósito legal: M-9287-2025
Impreso en Anzos, S. L., Fuenlabrada (Madrid)

ÍNDICE

PREFACIO

James K. Farge

Como atestiguan fácilmente más de dieciséis reediciones, *Razón y Revelación en la Edad Media* (1938) de Étienne Gilson ocupó, durante varias décadas, un lugar destacado en las aulas donde se enseñaba el pensamiento medieval. Aun así, la idea de publicar otra reedición en 2020 planteó una serie de preguntas y problemas. Por ejemplo, dado que su autor llegó a producir al menos cuarenta monografías y cientos de artículos, la mayor parte de ellos sobre filosofía medieval, teología, historia intelectual y pensamiento político, ¿podría esta obra de hace unos ochenta años, compuesta de cátedras abiertas, seguir siendo relevante para los estudiantes del siglo XXI? Para examinar esta y otras cuestiones relacionadas, se invitó al filósofo e historiador William Courtenay a escribir una introducción que situara la obra en su contexto histórico y contemporáneo. Estamos muy agradecidos por su estudio cuidadoso y esclarecedor.

Pero la decisión de reeditar el volumen planteó otros problemas de orden práctico. ¿Deberían reproducirse las cátedras en su estado original? O, dada la pregunta planteada anteriormente, ¿deberíamos publicar una edición revisada en un nuevo formato tipográfico? Por un lado, los temas obvios, como la corrección de nombres mal escritos, podrían satisfacerse fácilmente con una lista de correcciones; por el otro, la ventaja de sustituir por mejores traducciones de los textos clásicos algunas de las que citaba Gilson favorecía su publicación como "edición revisada".

Dos dificultades adicionales que encontramos al analizar el texto hicieron que esa decisión fuera evidentemente necesaria. En primer lugar, la puntuación de Gilson en este primer trabajo difiere significativamente del uso común en inglés. En segundo lugar, y más importante, debido a que esta fue una de sus primeras obras en inglés, el estilo de Gilson no cumplió con el estándar que alcanzó más tarde. Así, aun conservando rigurosamente el pensamiento de Gilson, no hemos dudado en intervenir allí donde el estilo de la prosa, el vocabulario o la puntuación sirven para oscurecer su significado. Estos cambios sustanciales no dejaron otra alternativa que la publicación de la obra como una revisión.

Otra característica de la escritura de Gilson merece mención en este contexto. Como la mayoría de los lectores sabrán, hasta hace poco era una práctica estándar en el idioma inglés usar sustantivos masculinos y los pronombres correspondientes cuando se hablaba o escribía colectivamente sobre personas de ambos sexos, y esto es muy evidente en el texto de Gilson. Reconocemos que los lectores de hoy esperan un estilo más inclusivo, pero preservar el pensamiento original de Gilson debe seguir siendo uno de nuestros objetivos. Después de mucha deliberación, hemos decidido dejar este aspecto de su estilo sin cambios.

Quedaba un último problema, Gilson usó las notas al final (en esta traducción al español hemos usado notas a pie de página) no solo para reconocer ciertas fuentes, sino también para dirigir la atención de sus lectores a lecturas adicionales sobre los temas que trató. Aunque muchos de los títulos que citó datan de hace un siglo o más, los hemos conservado porque revelan las fuentes, primarias y secundarias, de que disponía en el momento de escribir este artículo. Al mismo tiempo, pensamos que los nuevos lectores se beneficiarían de una mayor orientación. De acuerdo con esto, hemos añadido referencias a una serie de textos más recientes, traducciones y estudios, y también se han introducido varias notas complementarias. Se añadieron fechas de reedición a muchas de las fuentes de Gilson para mostrar su valor continuo, y las reediciones conocidas de las obras de Gilson en particular se han señalado como evidencia de la amplia y perdurable popularidad de la que han disfrutado.

Esperamos y creemos que esta edición revisada de *Razón y Revelación* puede continuar instruyendo a los lectores de hoy sobre algunos de los temas y percepciones que Étienne Gilson consideró particularmente relevantes e importantes para nuestra comprensión de la Edad Media occidental.

INTRODUCCIÓN
William J. Courtenay

Razón y Revelación en la Edad Media (1938) de Étienne Gilson aborda una de las cuestiones centrales de la filosofía y la teología medievales: la relación o el contenido de verdad de las conclusiones derivadas del razonamiento filosófico y de la teología basada en la fe. Pronunciadas como la cátedra Richard en la Universidad de Virginia en 1937 y publicada en vísperas de la Segunda Guerra Mundial, llegaron al final de una década de notables logros de Gilson que incluyeron la fundación, en 1929, del Instituto de Estudios Medievales en Toronto, la Cátedra Gifford de 1931-1932 en Aberdeen publicada primero como *L'esprit de la philosophie médiévale* (1932) y luego como *The Spirit of Mediaeval Philosophy* (1936), su elección en el Collège de France en 1932, y la Cátedra William James de 1936 en Harvard publicada como *The Unity of Philosophical Experience* (1937).

Esa década comenzó con una controversia sobre el significado y la validez de la etiqueta «filosofía cristiana» para describir el pensamiento medieval desde el período patrístico hasta la escolástica tardía. Aunque no fue acuñado por Gilson, lo desarrolló para describir la creación de una filosofía, diferente de la filosofía griega en la que se basaba, pero sin embargo una filosofía, que alcanzó su punto culminante en el pensamiento de Tomás de Aquino. En la catedra pública de Gilson en la Sorbona en 1929-1930, comenzó con una conferencia sobre "Lo que se entiende por filosofía cristiana: Agustín y la verdad revelada"[1]. Para algunos en el ámbito académico parisino, como Léon Brunschvicg, profesor de filosofía en la Sorbona, y Émile Bréhier, alumno de Henri Bergson, la idea de una filosofía cristiana era contradictoria en sí misma. La cristiandad era una religión cuyas enseñanzas eran aceptadas por la fe, la filosofía era una disciplina de argumentación lógica basada en la razón. Dada su considerable reputación internacional en ese momento, la catedra de Gilson atrajo la atención, la controversia y una invitación de Xavier Léon, el jefe administrativo de la *Société française de philosophie*, para defender el significado y la utilidad de la noción de «filosofía cristiana» en una reunión de la Société en marzo de 1931. La persona elegida para presentar el punto de vista opuesto fue Émile Bréhier. Asistieron Brunschvicg, Maurice Blondel,

---

[1] El hermano de Gilson, André, al igual que un reportero medieval, tomaba notas de las conferencias; véase Laurence K. SHOOK, *Étienne Gilson*. Pontifical Institute of Mediaeval Studies, Toronto, 1984, pp. 195-197.

Jacques Maritain y otros que participaron en la discusión. Las presentaciones iniciales, así como las intervenciones, se publicaron más tarde ese mismo año en el Boletín de la sociedad y constituyen una lectura fascinante[2].

En la década de 1920, Gilson ya estaba en el proceso de remodelar la definición de la filosofía cristiana, pasando de una historia de filósofos cristianos a un sistema de filosofía cristiana. Procedente de un entorno católico devoto antes de iniciarse en el estudio de la filosofía medieval y moderna, llegó a creer que la doctrina cristiana utilizaba el razonamiento filosófico en el período patrístico y medieval temprano para crear una verdadera filosofía en el siglo XIII. Perteneció a una generación de pensadores católicos que adoptó el pensamiento escolástico como movimiento filosófico junto con las escuelas cartesiana, kantiana y hegeliana. El tomismo, en particular, fue propuesto como base para la enseñanza en las escuelas y seminarios católicos, como un remedio contra el modernismo y otras corrientes de pensamiento que parecían incompatibles con la doctrina de la Iglesia. Este programa había sido estimulado por la encíclica *Aeterni Patris* del papa León XIII en 1879, que declaraba a Tomás como doctor de la Iglesia y el teólogo a seguir en la enseñanza católica. El crecimiento posterior del neoescolasticismo y el tomismo a principios del siglo XX se hizo dominante en las escuelas y universidades católicas de la generación de Gilson. Si bien criticó aspectos de la neoescolástica tal como se desarrolló en Italia, Alemania y Francia; Gilson se convirtió en uno de los principales difusores del

---

[2] *Bulletin de la Société française de philosophie* 31 (1931) pp. 37-93.

tomismo dentro y fuera de los círculos católicos, junto con Jacques Maritain y otros.

A principios de la década de 1930, Gilson escribió la historia de la filosofía cristiana junto a Philotheus Boehner, un franciscano que había traducido al alemán *La philosophie de saint Bonaventure* (1924) e *Introduction à l'étude de saint Augustin* (1929) de Gilson en 1929 y 1930, respectivamente. Los dos primeros volúmenes de *Die Geschichte der christlichen Philosophie* aparecieron en 1936, y el tercero en 1937, con un total de 655 páginas[3]. En muchos sentidos, *Razón y Revelación* es un breve resumen de la narración central de esa obra, basándose también en *The Spirit of Mediaeval Philosophy*, para exponer en forma clara y accesible el significado de la filosofía cristiana.

Razón y Revelación fue elogiada por la mayoría de los críticos. Fernand Van Steenberghen, el sucesor de Maurice De Wulf en Lovaina, reiteró su objeción de que la resolución del conflicto entre la fe y la razón en el siglo XIII fue un logro escolástico, no solo tomista[4]. Y aunque Gilson rechazó la opinión de que Siger de Brabante sostenía simultáneamente puntos de vista opuestos sobre la verdad (una forma de disonancia cognitiva conocida como la teoría de la doble verdad, refiriéndose tanto a las verdades filosóficas basadas en la razón como a las verdades religiosas basadas en la fe), Van Steenberghen sostenía una opinión

---

[3] Constituyó un modelo para GILSON, *Historia de la Filosofía Cristiana Philosophy in the Middle Ages*. Random House, Londres. Sheed and Ward, Nueva York, 1955.

[4] Fernand VAN STEENBERGHEN, *Les études médiévales*. Publications d'ordre général, 1934-1939. *Revue néoscolastique de philosophie 42*. 1939, pp. 252-74, en 268-69.

aún más favorable de Siger de Brabante, ya que veía a Siger como alguien influenciado por santo Tomás[5]. Concluyó su reseña con la esperanza de que Gilson (*"l'éminent professeur"*) revisara su opinión sobre este asunto. Gilson nunca lo hizo. Otros críticos, como Hunter Guthrie, más tarde presidente de la Universidad de Georgetown, vieron a Siger como un averroísta empedernido, y no como alguien que finalmente creía en la revelación[6]. Por otro lado, Justus Buchler, sostenían que una síntesis de fe y razón no podía ser verdadera filosofía porque subordinaba la razón a la fe[7], ya que la filosofía se ocupaba solo de lo que podía ser probado racionalmente.

Sin embargo, *Razón y Revelación* fue un éxito inmediato. Reeditado dos veces durante la Segunda Guerra Mundial, y con frecuencia reproducido entre 1946 y 1969, no volvió a ser reeditado hasta 1983[8]. Aparte de su

---

[5] Para la posición de GILSON, véase más adelante, *Razón y Revelación*, Capítulo 2, Van Steenberghen no fue el único que argumentó que Siger fue influenciado por Tomás de Aquino en su comprensión de la relación entre la teología y la filosofía. Armand Maurer, el colega más cercano de Gilson en Toronto, llegó a la misma conclusión; véase William DUNPHY y Armand MAURER, *A Promising New Discovery for Sigerian Studies*. Mediaeval Studies *29*. 1967, pp. 364-69; Maurer. *Siger de Brabante y la teología*, Estudios Medievales 50. 1988, pp. 257-78.

[6] Hunter GUTHRIE en *Thought 15*, 1940, pp. 129-133, que también incluía una reseña de *Christianity and Philosophy* de GILSON. Sheed and Ward, Nueva York, 1939.

[7] Justus BUCHLER, *Philosophers, Intuitive and Scientific*. The Virginia Quarterly Review 15, 1939, pp. 311-314.

[8] Véase Margaret MCGRATH, *Etienne Gilson: A Bibliography / Une bibliographie*. Pontifical Institute of Mediaeval Studies, Toronto, 1982. p 23, para una descripción inicial, aunque parcial, de las reediciones.

contribución a una importante cuestión de debate en la filosofía y la religión cristiana, judía e islámica en el período medieval, su insistencia en la validez de la verdad que se puede obtener a través de la razón y la revelación, del argumento racional junto con la fe religiosa; fue un mensaje muy importante frente al fundamentalismo religioso y la contracorriente de anti razón y anti ciencia en el siglo XX, y aún hoy, como lo fue en el siglo XIII.

Si el patrón de reedición indica algo, es preciso decir que la demanda del libro disminuyó después de 1970. Una de las razones de ese declive en el último medio siglo puede haber sido la aparición de estudios que cuestionan cada vez más el modelo estructural en el que se basaba el libro de Gilson, a saber, la visión del desarrollo de la filosofía medieval, o filosofía cristiana, que avanzaba inexorablemente hacia el logro de Tomás de Aquino, a menudo llamada la síntesis tomista de la fe y la razón, seguido de su desintegración y la destrucción de la filosofía en el siglo XIV y una huida hacia el misticismo en el siglo XV[9]. Como

---

Los diversos ejemplares de la Colección Gilson de la biblioteca del Instituto Pontificio, así como los revelados consultando WorldCat y el Catálogo Virtual de Karlsruhe, registran unas 16 reediciones fechadas en 1939, 1945, 1946, 1948, 1950, 1952, 1954, 1959 (todas en tapa dura); 1960, 1961, 1962, 1964, 1966, 1968, 1969 y 1983 (todos en tapa blanda). Además, James K. FARGE, curador de la Colección Gilson del Instituto, informa de la reciente adquisición de dos reediciones adicionales en tapa blanda que llevan solo la fecha de *copyright* original de 1938, pero cuyas portadas difieren en algunos detalles de las de otros ejemplares de la colección.

[9] Este modelo de crecimiento, logro mayor y disolución subsiguiente no fue creado por Gilson, aunque lo convirtió en su narrativa principal y lo popularizó. Sirvió de inspiración para la obra de Erwin PANOFSKY

lo describió Gilson en el presente libro: «Al final de la Edad Media se enarbola el naufragio total de la filosofía y teología escolásticas como consecuencia necesaria del divorcio final entre la razón y de la Revelación»[10]. John Herman Randall, Jr., en su reseña del libro en 1939, se opuso al contraste de Tomás de Aquino entre la «armonía de la fe y la razón... y su divorcio radical» como una falsa elección, «una de esas dicotomías a las que Gilson se ha mostrado cada vez más dado»[11].

La observación de Randall apunta a un segundo desarrollo que desafió el punto de vista adoptado en la última parte de *Razón y Revelación*. Una evaluación más afirmativa del período posterior a Tomás de Aquino, especialmente en lo que se refiere al siglo XIV, comenzó a surgir en los años inmediatamente anteriores a la cátedra Richard de Gilson. Uno de los estudiantes de Gilson, Paul Vignaux, había comenzado a revelar una imagen diferente de Ockham y del pensamiento del siglo XIV a la que Gilson presentó en el último capítulo de *Razón y Revelación*[12]. La investigación de Philotheus Boehner

---

Gothic Architecture and Scholasticism. Archabbey Press, La trobe, PA, 1951.

[10] Véase GILSON, *Razón y Revelación*, capítulo 2.

[11] John Herman RANDALL, Jr. The Journal of Philosophy 36, 1939, pp. 495-496.

[12] Paul VIGNAUX, *Nominalisme*. Dictionnaire de théologie catholique, 15 vols. Letouzey et Ané, París, 1908-72, 11.1: 717-84; las partes de Vignaux de Émile AMANN y Paul VIGNAUX, *Occam (Guillaume d')*, Dictionnaire de théologie catholique 11.1: 864-904, específicamente *Originalité philosophique et théologique d'Occam*, 876-88, e *Influence d'Occam*, 888-89; y Paul VIGNAUX, *Justification et prédestination au XIVe siècle*. Leroux, París, 1934.

sobre Escoto y Ockham contribuyó a ese cambio como evaluación[13]. A partir de la década de 1950, las investigaciones sobre autores y obras de la Edad Media tardía, mostraron cada vez más que el pensamiento de ese período era menos escéptico y más optimista de lo que habían demostrado las investigaciones anteriores[14]. Los textos que antes solo estaban a disposición en manuscritos se hicieron gradualmente disponibles en ediciones críticas, y el acceso a una gama más amplia de autores escolásticos de los siglos XIII y XIV disminuyó un poco el papel dominante de Tomás de Aquino en la narrativa de la filosofía escolástica y la teología, incluso en algunas universidades católicas. Como parte de la ola de nuevas investigaciones, las críticas que Escoto y Ockham aplicaron al modelo de Tomás de Aquino sobre qué doctrinas podían ser

---

[13] Philotheus BOEHNER, *Collected Articles on Ockham, ed.E.M. Buytaert*. Instituto Franciscano, San Buenaventura, NY, 1958. El choque entre una visión gilsoniana de Ockham y la de Boehner se vio en el intercambio entre Anton PEGIS, *Concerning William of Ockham, Traditio 2*. 1944, pp. 465-80, quien refute *The Notitia Intuitiva of Non- ex- tents according to William Ockham* de BOEHNER, *Traditio 1*, 1943, pp. 223-275, y la respuesta de Boehner, *In propria causa: A Reply to Professor Pegis "Concerning William of Ockham"*, Franciscan Studies 5. 1945, pp. 37-54.

[14] Entre las muchas obras relacionandas se encuentran Werner DETTLOFF, *Die Lehre von der Acceptatio divina bei Johannes Duns Scotus*. Dietrich-Coelde-Verlag, Werl-in-Westfalen, 1954 y *Die Entwicklung der Akzeptations-und Verdienstlehre von Duns Scotus bis Luther*. Aschendorffsche, Münster-in-Westfalen, 1963; Ernest A. MOODY, *Empiricism and Metaphysics in Medieval Philosophy*, The Philosophical Review 67, 1958, pp. 145-163; y Heiko OBERMAN, *The Harvest of Medieval Theology: Gabriel Biel and Late Medieval Nominalism*. Harvard University Press, Cambridge, MA, 1963.

probadas por la razón natural se tomaron más en serio. No fue un rechazo del modelo de Tomás de Aquino, sino un cambio de ciertas doctrinas, como la existencia de Dios, los atributos divinos y la inmortalidad del alma, de la categoría de demostrable por la sola razón a la categoría de posible filosóficamente y aceptada como verdad a través de la revelación.

Gilson siempre alentó el estudio adicional, incluso cuando no estaba de acuerdo con sus propias interpretaciones. Vignaux, cuyas opiniones sobre los acontecimientos del siglo xiv diferían de las expresadas en *Razón y Revelación*, siguió siendo un amigo cercano y sucedió a Gilson en *L'École Pratique des Hautes Études* de París cuando Gilson redujo sus obligaciones docentes allí para cumplir con sus nuevos compromisos con el Instituto de Toronto y con el *Collège de France*. Del mismo modo, Boehner, que después de un año en Toronto por invitación de Gilson se convirtió en el director del Instituto Franciscano de la Universidad de San Buenaventura, mantuvo una relación cordial con Gilson.

La convicción tomista de Gilson de que muchas verdades doctrinales podían ser probadas tanto por la razón como por la revelación, esto es, la correspondencia entre la racionalidad humana y la naturaleza de las cosas, tenía mucho en común con el modelo filosófico que Arthur O. Lovejoy había descrito en su cátedra William James unos años antes sobre la idea de la gran cadena del ser. Gilson estuvo presente en Harvard una parte del semestre de otoño de 1933 cuando Lovejoy dio su cátedra, y estaba dando su propia cátedra William James en 1936 cuando el trabajo de Lovejoy fue publicado por *Harvard University*

Press. Aunque Gilson no menciona el trabajo de Lovejoy, probablemente estaba al tanto de él cuando dio la cátedra Richard al año siguiente. Lovejoy ciertamente estaba al tanto del trabajo de Gilson y en *The Great Chain of Being* (la gran cadena del ser) se basó en *Le Thomisme* de Gilson para su interpretación de Tomás de Aquino.

Además de desarrollar una nueva apreciación de los logros filosóficos del siglo XIV en los ámbitos de la lógica, la filosofía natural y los enfoques metalingüísticos que se aplicaron a las cuestiones teológicas, los historiadores prestaron más atención a un modelo opuesto de la relación entre Dios, el orden creado y la razón humana que en el esbozado por Lovejoyo en *The Great Chain of Being* (la gran cadena del ser) de la comprensión de Gilson del racionalismo tomista. Su énfasis se centraba más en la libertad y la omnipotencia divina y en la contingencia del orden creado, tanto natural como moral[15]. A lo largo del período medieval, los teólogos cristianos reconocieron que el orden de la naturaleza y de la gracia fueron elegidos y dispuestos por Dios, quien tenía la libertad de haber instituido diferentes órdenes. En ese modelo, Dios no estaba obligado a instituir las leyes de la naturaleza y la salvación porque fueran correctas; eran correctas porque Dios las instituyó. Tomás de Aquino comprendió esto y empleó

---

[15] Francis OAKLEY, *Omnipotence, Covenant and Order: An Excursion in the History of Ideas from Abelard to Leibniz*. Cornell University Press, Ithaca, NY, 1984; William J. COURTENAY, *Capacity and Volition: A History of the Distinction of Absolute and Ordained Power*. Lubrina, Bérgamo, 1990); Hester Goodenough GELBER, *It Could Have Been Otherwise: Contingency and Necessity in Dominican Theology at Oxford, 1300-1350*. Brill, Leiden, 2004.

una distinción entre la infinita cantidad de posibilidades que Dios podría haber elegido (el poder divino visto simple o absolutamente) y lo que Él de hecho eligió (el poder divino tal como se implementa en lo que Dios ordenó)[16]. Pero Tomás puso más énfasis en la compatibilidad de la naturaleza divina, el orden de las cosas y la racionalidad humana, mientras que los teólogos del siglo XIV a menudo estaban más interesados en explorar el rango más amplio de posibilidades y el límite entre la posibilidad y la imposibilidad incluso para Dios.

Gilson se sentía cómodo viendo «el orden subyacente de las cosas: natural, moral, salvífico», para usar la descripción de Francis Oakley del modelo no voluntarista en su cátedra Gilson en Toronto en 2002, como un «orden cuasi necesario incrustado en una gran cadena de ser lovejoyiana y que emana de la misma naturaleza o esencia de las cosas...»[17]. Tomás de Aquino hizo hincapié en la interconexión de la naturaleza divina y el orden de las cosas, tanto naturales como morales, que Dios estableció. Solo desde ese punto de vista se pueden probar a través de la razón muchas de las doctrinas de la fe, con la excepción de la Trinidad, la Encarnación y la Redención, como señaló Gilson[18].

---

[16] Para una discusión de este tema, véase John F. WIPPEL, *Thomas Aquinas on God's Freedom to Create or Not*; John F. WIPPEL, *Metaphysical Themes in Thomas Aquinas II, Studies in Philosophy and the History of Philosophy 47*. Catholic University of America Press, Washington, DC, 2007, pp. 218-239.

[17] Francis OAKLEY, *Omnipotence and Promise: The Legacy of the Scholastic Distinction of Powers*. Pontifical Institute of Mediaeval Studies, Toronto, 2002.

[18] Véase más adelante, GILSON, *Razón y Revelación*, Capítulo 3.

A lo largo de la segunda mitad del siglo XX y en el XXI, el significado y la idoneidad de la etiqueta «filosofía cristiana» y la comprensión de Gilson de esa frase continuó siendo objeto de debate. Y se reavivó en la década de 1960 con la publicación de la Introducción a la filosofía cristiana (*Introduction à la philosophie chrétienne* 1960) y los Elementos de filosofía cristiana (*Elements of Christian Philosophy* 1960) de Gilson, así como con muchas reediciones de *Razón y Revelación* entre 1960 y 1969[19]. El tema suscitó reacciones de varios sectores, algunas de ellas en apoyo del uso de la etiqueta por parte de Gilson, otra parte intentó restringir la etiqueta a lo que George Klubertanz llamó el «momento del descubrimiento» de la compatibilidad de las verdades religiosas y los argumentos basados en la razón, para diferenciarlo del «momento de la prueba» cuando un filósofo cristiano construye una filosofía basada en la argumentación racional[20]. La cuestión de la filosofía cristiana siguió siendo un punto de debate en las últimas décadas del siglo pasado, siendo un

---

[19] Étienne GILSON, *Introduction à la philosophie chrétienne.* Vrin, París, 1960), trad. Armand Maurer como *Christian Philosophy: An Introduction.* Pontifical Institute of Mediaeval Studies, Toronto, 1993; y *Elements of Christian Philosophy.* Doubleday, New York, 1960.

[20] André NAUD, *Le problème de la philosophie chrétienne: Éléments d'une solution thomiste.* Faculté de Théologie, Montréal, 1960; Maurice NÉDONCELLE, *Is There a Christian Philosophy?* Trad. Illtyd TRETHOWAN, *Twentieth Century Encyclopedia of Catholicism 10.* Hawthorn Books, New York, 1960, pp. 85-99; Germain G. GRISEZ, *The Four Meanings of Christian Philosophy.* The Journal of Religion 42, 1962 pp. 103-118; George KLUBERTANZ, *Metaphysics and Theistic Convictions, in Teaching Thomism Today,* ed. George F. McLean. Catholic University of America Press, Washington, DC, 1963, pp. 278-282.

tema importante para John Wippel, Jan Aertsen y Alain de Libera[21]. En su carta encíclica *Fides et ratio* de 1998, el papa Juan Pablo II que, al igual que *Aeterni Patris* 120 años antes, como resultado de un renacimiento tomista y su expansión en los años siguientes, reafirmó la importancia de la solución de Tomás de Aquino y el papel de Gilson en su descripción y promoción[22]. Alain de Libera, el único otro que tenía una cátedra de filosofía medieval en el *Collège de France*, hizo de la encíclica y de su mensaje el tema de un libro entero[23].

En un discurso pronunciado en abril de 1962 en Boston, Gilson reconoció que valdría la pena revisar el presente libro, aunque no encontró tiempo para hacerlo. Los principales argumentos del libro no habrían cambiado. En su forma actual, este libro revela cómo uno de los más grandes historiadores de la filosofía medieval vio la cuestión de la relación entre la fe y la razón en 1937, y sus observaciones tienen tanto significado y relevancia para hoy

---

[21] John F. WIPPEL, *Metaphysical Themes in Thomas Aquinas, Studies in Philosophy and the History of Philosophy 10*. Catholic University of America Press, Washington, DC, 1984, cap. 1: *Thomas Aquinas and the Problem of Christian Philosophy*, pp. 1-33; Jan A. AERTSEN, *Medieval Philosophy and the Transcendentals: The Case of Thomas Aquinas*. Brill, Leiden, 1996, pp. 3-10; Alain DE LIBERA, *La philosophie médiévale*. Presses Universitaires de France, Paris, 1989 and *Penser au Moyen Âge*. Seuil, Paris, 1991.

[22] GILSON fue mencionado en la sección 74 de *Fides et ratio*, junto con Jacques MARITAIN y otros. Georges COTTIER, Dominico y tomista Suizo, desempeñó un papel importante en la redacción de la encíclica.

[23] Alain DE LIBERA, *Raison et Foi: Archéologie d'une crise d'Albert le Grand à Jean-Paul II*. Seuil, Paris, 2003. Vea también WIPPEL, *Metaphysical Themes in Thomas Aquinas II*.

como lo tuvieron entonces. La naturaleza compacta del libro impidió la inclusión de los detalles del pensamiento medieval preferidos por algunos historiadores, pero para la audiencia para la que fue escrito, su brevedad y clara presentación son su verdadera riqueza. El énfasis de Gilson en los peligros de rechazar una búsqueda racional de la verdad, su énfasis en la importancia de la *fides quaerens intellectum* de Agustín y su influencia en Anselmo, sus observaciones sobre la contribución de Averroes a la cuestión de la fe y la razón, su análisis de la llamada doble verdad y, lo que es más importante, su persuasivo relato de la solución de Tomás de Aquino a la relación entre la razón y la revelación son solo algunas de sus muchas apreciaciones.

El interés en estos temas y en la centralidad de *Razón y Revelación* de Gilson continúa hoy en día, como lo demuestra el libro de Robert Dobie *Thinking Through Revelation*[24] En su introducción, Dobie describió el libro de Gilson como un «estudio ahora antiguo, pero todavía muy valioso, de la relación entre la razón y la revelación en la Edad Media» y citó pasajes de él en apoyo de sus propios argumentos[25]. Y el propio Gilson es objeto de una nueva biografía de Florian Michel que debe ser consultada junto con la obra magistral de Laurence Shook[26].

---

[24] Robert J. Dobie, *Thinking Through Revelation: Islamic, Jewish, and Christian Philosophy in the Middle Ages*. Catholic University of America Press, Washington, DC, 2019.

[25] Ibid., 14, citando a Gilson, *Razón y Revelación*; vea capitulo 3.

[26] Florian Michel, Étienne Gilson: Une biographie intellectuelle et politique. Vrin, Paris, 2018); Shook, *Etienne Gilson*. Vea la reseña de Rowan Williams del libro de Michel, *Atlantic Intellectual : The Life of*

Razón y Revelación de Gilson presenta al lector, en forma breve y fácil de leer, la tesis central de la comprensión de Gilson de la filosofía cristiana, esta es, la solución de Tomás de Aquino al problema de la fe y la razón. El libro sigue siendo tan importante para la historia de la filosofía medieval hoy como cuando fue escrito. La observación final de Rowan Williams, ex arzobispo de Canterbury, en su reseña del libro de Michel sobre Gilson, afirma que *Razón y Revelación* «nos remite a una formidable presencia intelectual en la Europa del siglo xx» y, se podría añadir, en concordancia con la perspectiva de Dobie y Michel, que también en Norteamérica[27].

_____

an Extraordinary French Scholar. The Times Literary Supplement, 17 January 2020, pp. 34-35.

[27] Sobre la continua relevancia de las obras de Gilson, cabe señalar que su editor francés, Librairie Philosophique J. Vrin, acaba de producir en el año 2019 el primer volumen de una colección de varios volúmenes de las *Oeuvres complètes de Gilson*.

RAZÓN Y REVELACIÓN
EN LA EDAD MEDIA

PRÓLOGO
DEL AUTOR A LA EDICIÓN ORIGINAL

PARA EL PROFESOR VISITANTE es un gusto comenzar su intervención expresando gratitud a sus anfitriones, y en ningún caso me habría olvidado de hacerlo. Pero mi deuda con la Universidad de Virginia tiene raíces mucho más profundas, la cátedra Richard de 1937. Hace once años tuve el privilegio de iniciar mi primera visita a los Estados Unidos, pasando medio día en Nueva York y luego casi dos meses en Charlottesville. Digo que fue un privilegio, porque el recuerdo de los días que estuve en esta Universidad ha permanecido conmigo desde entonces como una salvaguardia contra la tentación, fatal para los extranjeros, de explorar los Estados Unidos desde lo alto del edificio *Empire State*.

A los amigos y colegas que me invitaron en ese momento, y a los alumnos de la escuela de verano de 1926, que amablemente me ayudaron en esta difícil tarea; ruego renovar en este día la expresión de mi perenne gratitud.

ÉTIENNE GILSON

1.
LA PRIMACÍA DE LA FE

EL TEMA DE ESTOS CAPÍTULOS no solo es recomendable por su mérito intrínseco, sino que también proporciona una ocasión para ejercer esa función esencial de la docencia universitaria: la crítica a las opiniones comúnmente aceptadas. Semejante crítica, que es obviamente relevante en una ciencia positiva, no es menos importante en la historia. No es raro encontrar en los libros de historia universal, tres períodos principales en el desarrollo del pensamiento occidental. Primero viene la edad de la filosofía griega, el llamado «milagro griego», una especie de Edad de Oro del pensamiento humano que concibió el triunfo tranquilo e imperturbable del conocimiento racional puro. Luego viene la Edad Media, también llamada Edad Oscura porque, desde el surgimiento del cristianismo hasta los albores del Renacimiento, el uso habitual de la razón natural fue obstruido por la fe ciega en la verdad absoluta de la Revelación cristiana. Desde este punto de vista, la filosofía era solo un instrumento en manos de teólogos sin escrúpulos hasta que, hacia finales del siglo xv, el esfuerzo conjunto de los humanistas, científicos y reformadores religiosos dio lugar a la tercera edad: la era de la especulación puramente positiva y racional en la que todavía nos encontramos inmersos.

No estoy dispuesto a decir lo que puede pensar un historiador de la filosofía griega, acerca de una visión tan simplificada de su propio campo de estudio. Tampoco es mi objetivo discutir tales puntos de vista sobre la filosofía moderna. Sin embargo, en estos tres capítulos pretendo examinar el auténtico valor en lo concerniente a la Edad Media. Me gustaría dejar muy claro desde el principio que no tengo la intención de defender la Edad Media contra aquellos que la llaman «la Edad Oscura», ni siquiera intentaré definir o mantener una nueva interpretación. De hecho, no tengo ninguna interpretación de la Edad Media en su conjunto. Pero podemos lograr, una descripción de esos siete siglos de especulación abstracta, o al menos un esbozo de las principales familias espirituales que fueron responsables de la copiosa literatura filosófica y teológica de la Edad Media. Soy muy consciente del hecho de que incluso un resultado tan modesto no puede lograrse sin violentar la compleja originalidad de los diversos pensadores medievales. A veces tendremos que agrupar a algunos que no les hubiese gustado encontrarse en la misma familia. Esperamos que nuestra clasificación resulte tan natural como cualquier otra de tipo humano y en cualquier caso, no debe considerarse una pérdida de tiempo sustituir la interpretación generalmente recibida de las «tres edades» por una menos convencional.

34

La primera de esas familias espirituales, y que ahora trataremos de caracterizar, está formada por aquellos teólogos que creían que la Revelación había sido dada a los hombres como un sustituto de todos los demás conocimientos, incluyendo la ciencia, la ética y la metafísica. Desde el origen de la cristiandad hasta nuestros días, siempre ha habido en teología extremistas a los que podríamos llamar «teologizadores». Reducida a lo esencial, su posición es muy simple: puesto que Dios nos ha hablado, ya no es necesario que pensemos. Lo único que importa para cada uno de nosotros es lograr la propia salvación. Todo lo que necesitamos saber para lograrlo está ahí, escrito en las Sagradas Escrituras; leamos la ley divina, meditemos en ella, vivamos según sus preceptos, y no necesitaremos nada más, ni siquiera filosofía. Debería decir más bien: *sobre todo nada* de filosofía. De hecho, en la mente del «teologizador» nos irá infinitamente mejor sin el conocimiento filosófico que con este. Considere a los más grandes filósofos griegos, incluyendo a aquellos cuya enseñanza se asemejaba más o menos a la de la Revelación cristiana, y encontrará en todas partes desacuerdo con ella. Platón creía en la eterna transmigración del alma desde su antiguo cuerpo a otro, humano o incluso animal, Aristóteles negaba la Divina Providencia, ni siquiera creía en la inmortalidad personal del alma, los estoicos y los epicúreos eran materialistas. Incluso si asumimos que lo que afirmaban sobre Dios era cierto, ¿qué podemos decir acerca de lo que Dios mismo nos ha revelado, y que ciertamente no sabían? ¿Puede el hombre salvarse si no conoce el hecho del pecado original, la encarnación de Cristo, la redención del hombre a través de la muerte de Cristo en la cruz, la gracia y la Iglesia con sus sacramentos? Si tales han sido los errores y las deficiencias de los más grandes genios filosóficos, y su ceguera en asuntos de vital importancia, no hay razón para que los verdaderos cristianos presten la menor atención a lo que los filósofos hayan dicho sobre estas cuestiones. Como dijo una vez el mismo san Pablo: «Alardeaban de sabios, resultaron necios» (*Rom* 1, 22).

Y una vez más: «Como el mundo con su sabiduría no reconoció a Dios en las obras que manifiestan su sabiduría, dispuso Dios salvar a los creyentes... la locura de Dios es más sabia que la sabiduría de los hombres...» (1*Cor* 1, 21-25). En resumen, puesto que el que se limita a creer en la palabra de Dios sabe más que lo que los grandes filósofos han sabido acerca de los asuntos de vital importancia, deberíamos sentirnos justificados al decir que el más simple entre los cristianos tiene una filosofía propia, que es la única verdadera, y cuyo nombre es: Revelación[1].

---

[1] Como introducción general a la cuestión, véase Theodor HEITZ, *Essai historique sur les rapports entre la philosophie et la foi*, de Bérenger de Tours à saint Thomas d'Aquin. J. Gabalda, París 1909. Véase también Martin GRABMANN, *Die Geschichte der scholastischen Methode*, 2 vols. Herder, Friburgo-im-Breisgau 1909-1. Repr. Graz: Akademische Druck-U. Verlagsanstalt, 1957; Étienne GILSON, *The Spirit of Mediaeval Philosophy*, trad. A.H.C. Downes. Scribner, Nueva York 1936. Repr. 1940, 1977. El mejor libro de referencia para información general sobre los filósofos medievales, sus obras, vidas y doctrinas, es Friedrich UEBERWEG, *Grundriss der Geschichte der Philosophie, Pt. II: Die patristische und scholastische Philosophie*, ed. Bernhard Geyer. Mittler, Berlín 1928 ed. rev. Tübingen: Mittler & Sohn, 1951. Para el posterior tratamiento de Gilson del mismo alcance de la filosofía desde los Apologetas griegos hasta Nicolás de Cusa, véase *History of Christian Philosophy in the Middle Ages*. Random House, Nueva York 1955; repr. Sheed

Esta convicción absoluta en la autosuficiencia de la Revelación Cristiana siempre ha encontrado seguidores implacables. Esto lo hallamos representado en todos los períodos relevantes de la historia del pensamiento cristiano; sus representantes están siempre presentes, y se hacen oír sobre todo en los momentos en que la filosofía amenaza con invadir el campo de la Revelación. Ya en el siglo II, cuando el gnosticismo se convirtió en una verdadera amenaza, Tertuliano encontró fórmulas contundentes para subrayar lo que él consideraba un antagonismo irreconciliable entre el cristianismo y la filosofía. El capítulo séptimo de su tratado *Prescripciones contra todas las herejías* no es más que un feroz ataque contra lo que el Señor mismo llamó la «necedad» de la filosofía:

Dado que la sabiduría mundana culmina en la filosofía con su interpretación precipitada de la naturaleza y el propósito de Dios. Es la filosofía la que suministra el insumo a las herejías. ... Herejes y filósofos abordan los mismos temas y se ven envueltos en las mismas discusiones. ¿Cuál es el origen del mal y por qué? ¿Cuál es el origen del hombre y cómo? Y, el último tema de Valentínus, ¿cuál es el origen de Dios.

¡No hay duda en el deseo y el aborto!

Una plaga para Aristóteles que les enseñó la dialéctica, el arte que destruye tanto como construye, que cambia de opiniones como de abrigo, que impone sus conjeturas, que es de argumento obstinado, que se esfuerza por ser

---

and Ward, Londres 1972, 1980, 1982, 1985. El mejor resumen de la historia de la teología medieval es el de Martin GRABMANN, *Die Geschichte der Katholischen Theologie seit dem Ausgang der Väterzeit*. Herder, Friburgo-im-Breisgau 1933 Repr. Wissenschaftliche Buchgesell-schaft, Darmstadt 1961, 1-133.

combativa y es una carga incluso para sí; porque reconsidera cada punto para asegurarse de que nunca termina una discusión.

Tertuliano entonces le recuerda al lector: ¿No nos ha prevenido san Pablo de tan peligrosas especulaciones, cuando escribió a los Colosenses, diciendo: «Que nadie los engañe con filosofías y argumentos vanos, según la tradición de los hombres... y no según Cristo» (*Col* 2, 8).

Y finalmente, dando rienda suelta a su elocuente indignación, Tertuliano exclama:

> ¿Qué tiene que ver Jerusalén con Atenas, la Iglesia con la academia, el cristiano con el hereje? Nuestros principios provienen del Pórtico de Salomón (*Hch* 3, 9) quien había enseñado que el Señor debe ser buscado con sencillez de corazón (*Sb* 1,1). No me sirve un cristianismo estoico, platónico o dialéctico, después de Jesucristo no tenemos necesidad de especulación, después del Evangelio no tenemos necesidad de investigación. Cuando llegamos a creer, no tenemos ningún deseo de creer en otra cosa; porque comenzamos por creer que no hay nada más en lo que tengamos que creer[2].

---

[2] TERTULIANO, On Prescription against Heretics, 7; in The Ante-Nicene Fathers: Translations of the Writings of the Fathers down to A.D. 325, ed. Alexander ROBERTS y James DONALDSON, rev. A Cleveland COXE, 10 vols. Buffalo: Christian Literature, 1885-1903, 3: 246. Cf. Joseph LORTZ, Tertuliano als Apologet. Aschendorff, Münster-in-Westfalen 1927-28. Véase Tertuliano, *On the Testimony of the Soul and On the "Prescription" of Heretics*, trad. T. Herbert Bindley. SPCK, Londres 1914. La traducción de Los Padres Ante-Nicenos, con su prosa confusa, han sido reemplazados por una versión más reciente

He citado a Tertuliano con cierta extensión, por la misma perfección con que ejemplifica esta postura. Todas sus características esenciales están ahí, y no creo que podamos encontrar una sola de estas frases que no haya sido citada una y otra vez desde el siglo II hasta el final de la Edad Media, o incluso después.

Llamemos a esta la familia Tertuliana, y estoy seguro de que usted nunca dejará de identificar a sus miembros cuando los encuentre.

A pesar de sus diferencias personales, ¡la especie en sí es fácilmente reconocible! Colocan énfasis en tres o cuatro textos de san Pablo, siempre los mismos, y excluyen todas sus otras afirmaciones sobre nuestro conocimiento natural de Dios y la existencia, más aún, sobre la fuerza vinculante de una ley moral natural; condena sin reservas la filosofía griega, como si ningún filósofo griego hubiera dicho nunca nada verdadero sobre la naturaleza de Dios, del hombre y de nuestro destino. Los ataques feroces son dirigidos especialmente contra la dialéctica, como si fuera posible condenarla sin hacer uso de ella; rastrean las herejías contra los dogmas religiosos hasta la influencia perniciosa de la especulación filosófica sobre el conocimiento teológico; y por último, pero no menos importante, la cruda afirmación de una oposición absoluta entre la fe religiosa en la Palabra de Dios y el uso de la razón natural en asuntos relacionados con la Revelación. Todos estos rasgos, cuya interrelación es evidente, ayudan a definir a

---

Tertullian, "The Prescriptions Against the Heretics," in Early Latin Theology: Selections from Tertullian, Cyprian, Ambrose, and Jerome, trad. S.L. Westminster Press,Greenslade, Filadelfia 1956, 19-64, en 35 y 36.

los miembros de la familia Tertuliana y a percibir lo que otorga al grupo una cierta unidad propia.

Para limitarnos a un pequeño número de casos representativos, examinemos al escritor griego Taciano, cuyo *Discurso a los griegos* no es más que la protesta vehemente de un «bárbaro» cristiano contra el orgullo que los griegos paganos sentían por sus llamadas instituciones civilizadas. «¿Qué cosa honorable ha producido por su búsqueda de la filosofía?», pregunta Taciano.

Y después de una larga serie de ataques contra Platón, Aristóteles, los estoicos y los epicúreos, Taciano está totalmente de acuerdo con la conclusión de Tertuliano, a quien ciertamente no había leído: «Obedeciendo los mandamientos de Dios y siguiendo la ley del Padre de la inmortalidad, rechazamos todo lo que se basa en la opinión humana»[3].

Si pasamos del siglo II al XII, en una época en que el magnífico desarrollo de la lógica preocupaba a los hombres de la familia Tertuliana, encontramos interesantes ejemplares de esta feroz especie teológica. El mismo san Bernardo de Claraval exhibió algunos de sus rasgos. Probablemente tenía en mente a Pedro Abelardo mientras escribía su tercer *sermón para la fiesta de Pentecostés*. En cualquier caso, era evidente que a Bernardo no le gustaban aquellos hombres que «se llamaban a sí mismos filósofos», sino que, en su opinión, «deberían llamarse más bien esclavos de la curiosidad y del orgullo». No quería

---

[3] TACIANO, *Discurso a los griegos*, 2 y 32, *en Los Padres Antenicenos*, 2, 65 y 78. Cf. Aimé PUECH, *Recherches sur le Discours aux Grecs de Tatien*. Félix Alcan, París 1903.

que sus hermanos pertenecieran a esta escuela, sino a la escuela de ese maestro supremo a quien está dedicada la fiesta de Pentecostés: el Espíritu Santo. Debido a que habían asistido a esta escuela divina, cada uno de ellos podía decir con el salmista (*Sal* 119, 99): He entendido más que todos mis maestros. Y, llevado por su admirable elocuencia, Bernardo exclamó de pronto:

> ¿Por qué, oh hermano mío, te jactas así? ¿Es porque... has comprendido o te has esforzado por comprender los razonamientos de Platón y las sutilezas de Aristóteles? ¡Dios no lo quiera! Tú respondes. Es porque he buscado tus mandamientos, oh Señor[4].

San Pedro Damián, con sus ataques mucho más duros contra la dialéctica, la gramática y, hablando en general, contra todo lo que implicara la mínima confianza en el poder de la realidad natural, sería un mejor ejemplo, aunque menos amable, de la misma tendencia[5].

---

[4] SAN BERNARDO, *third Sermon for the Feast of Pentecost, in St Bernard's Sermons for the Seasons and Principal Festivals of the Year*, trad. por un sacerdote de Mount Melleray, 3 vols. Browne y Nolan, Dublín 1921-25, 2: 310, 311. The Carroll Press, Westminster, MD 1950. Cf. Étienne GILSON, *La théologie mystique de saint Bernard*. Vrin, París 1934 repr. 1947; 4ª ed., 1980; trad. A.H.C. DOWNES, *The Mystical Theology of Saint Bernard*. Sheed and Ward, Londres 1940; repr. 1955; repr. Cistercian Publications, Kalamazoo, MI 1990.

[5] Sobre Pedro Damián, véase Joseph Anton ENDRES, *Petrus Damiani und die weltliche Wissenschaft*, Beiträge zur Geschichte der Philosophie des Mittelalters 8.3 Aschendorff, Münster-in-Westfalen 1910. Cf. Étienne GILSON, Études de philosophie médiévale. Commission des Publications de la Faculté des Lettres, Estrasburgo 1921, 31-38.

En los siglos XIII y XIV, la apasionada y, a veces, brutal controversia que se desató en el seno de la Orden Franciscana entre sus extremistas: los llamados espirituales, y los partidarios de un estudio filosófico bien conducido, no tuvo otra causa que el teologismo radical de esos espirituales. El poeta franciscano Jacopone da Todi era un espiritual, y no hizo más que expresar estos sentimientos comunes cuando escribió, en uno de sus poemas más famosos: "París ha destruido Asís":

Platón y Sócrates pueden discutir
Y todo el aliento de sus cuerpos se gasta, discutiendo sin fin,
¿Qué es todo esto para mí?
Solo una mente pura y sencilla Directo al cielo encuentra su camino; Saluda al Rey, mientras que muy por detrás la filosofía del mundo[6].

Véase también Jean LECLERCQ, *San Pedro Damián, ermite et homme d'église*. Edizioni di Storia e Letteratura, Roma 1960; Patricia RANFT, *The Theology of Peter Damian: Let your Life Always Serve as a Witness*. The Catholic University of America Press, Washington, DC 2012; *The Letters of Peter Damian*, trad. Owen J. Blum and Irven M. Resnick, 6 vols. The Fathers of the Church, Mediaeval Continuation 1-3, 5-7. The Catholic University of America Press, Washington, DC 1989-2005.

[6] Estoy citando la interpretación de Anne MACDONELL, *Sons of Francis*. J.M. Dent, Londres; G.P. Putnam's Sons, Nueva York 1902, 369. Más textos se encontrarán en el mismo capítulo, pp. 354-86. Para los estudios actuales sobre Jacopone da Todi, véase *La vita e l'opera di Iacopone da Todi*, ed. Enrico MENESTO. Centro Italiano di Studi sull'alto medioevo, Spoleto 2007, y Marcello RINALDI, *Jacopone da Todi: Il sentiero dell'anima, Vita, spiritualità, laude e scelte*. Tau editrice, Todi 2008.

Los partidarios de la alteridad exclusiva en el orden del conocimiento han estado presentes donde y cuando los eclesiásticos se han interesado por los estudios científicos y filosóficos hasta el punto de comprometerse activamente en la tarea de fomentar su progreso.

El espíritu que visitó a Alberto Magno en su celda mientras el santo estaba ocupado resolviendo algún problema científico, debe haber sido un demonio particularmente astuto, ya que logró aparecer con el atuendo de un fraile dominico.

¿Y qué le dijo al santo? Que simplemente estaba gastando su tiempo en ocupaciones indignas de su profesión, y que debía dedicar menos tiempo a la ciencia y más a la teología. La antigua crónica continúa diciendo: «Alberto, advertido internamente por el Espíritu Divino del intento del impostor, se contentó con hacer la señal de la cruz, y el fantasma desapareció»[7]. ¡Tanto celo teológico en un demonio tenía que parecer sospechoso!

Si la Edad Media solo hubiera producido hombres de esta familia Tertuliana, el período merecería plenamente el título de «Edad Oscura» que se le da comúnmente.

---

[7] El pasaje está traducido en Joachim SIGHART, *Albert the Great, of the Order of Friar-Preachers: His Life and Scholastic Labours, from Original Documents*, trad. T.A. Dixon. R. Washbourne, Londres 1876, p 85-86. Ya en el siglo XVII, Francis Bacon tuvo que tener en cuenta la existencia y la actividad de aquellos teólogos más fanáticos que ilustrados, como se puede ver en su libro *On the Advancement of Learning*, 1.2. Los «fundamentalistas» teologizadores son una raza inmortal; como los jebuseos de la antigüedad (*Js* 15, 63), siempre están con nosotros. Cf. Gilbert MURRAY, *Five Stages of Greek Religion*. Columbia University Press, Nueva York 1925.

Lograría ese nombre no solo desde el punto de vista de la ciencia y de la filosofía, sino también desde el de la teología. Afortunadamente, la historia del pensamiento cristiano atestigua la existencia de otra familia espiritual, mucho más iluminada que la primera, cuyos incansables esfuerzos por combinar la fe religiosa con las especulaciones racionales han logrado resultados realmente importantes. No menos que los del primer grupo, los miembros de este segundo grupo podían justificar en los textos bíblicos su propia actitud. San Pablo no solo había afirmado claramente que incluso los paganos deberían ser capaces de alcanzar un conocimiento natural de la existencia de Dios, de su poder eterno y de su divinidad, de modo que son inexcusables (*Rm* 1, 20), sino que, en el primer capítulo de su Evangelio, también san Juan había dicho que el Verbo de Dios «es la luz verdadera, que ilumina a todo hombre que viene a este mundo» (*Jn* 1, 9). No es de extrañar, que los grandes Padres griegos de la Iglesia —Justino Mártir, Clemente de Alejandría y Orígenes— erigieran doctrinas teológicas en las que la concordancia fundamental entre el conocimiento natural y revelado estaba en todas partes, ya sea enunciado o presupuesto. Sin embargo, el más fiel representante de este grupo fue, y es muy probable que siga siendo, un padre latino: san Agustín. En aras de la brevedad, y usando el nombre como una mera etiqueta práctica, llamemos a los representantes de este segundo grupo la familia agustiniana. ¿Cuáles eran sus características esenciales?

En sus *Confesiones*, Agustín relata cómo, después de haber intentado en vano llegar a la verdad y, finalmente, a la fe por medio de la razón solamente, había descubierto por fin que toda la verdad racional sobre Dios que había sido enseñada por los filósofos podía ser captada de una vez, sin errores, y enriquecida con muchas verdades más que filosóficas, por el simple acto de fe de los más analfabetos entre los fieles. A partir de entonces, Agustín nunca olvidará que el camino más seguro para llegar a la verdad no es el que parte de la razón y luego pasa de la certeza racional a la fe, sino que, por el contrario, es el camino que parte de la fe y luego pasa de la Revelación a la razón[8].

Al llegar a esa inesperada conclusión, Agustín abrió una nueva época en la historia del pensamiento occidental. Ningún filósofo griego podría haber soñado con hacer de la fe religiosa la verdad revelada, y esta, el punto de partida obligado del conocimiento racional. De hecho, Sócrates, Platón, Aristóteles, los estoicos e incluso los epicúreos siempre habían estado ocupados en refinar y reinterpretar racionalmente los toscos mitos del paganismo griego, porque, de lejos, el tipo más elevado de pensamiento religioso entre los antiguos era el de sus filósofos. Con san Agustín, por el contrario, comenzaba una nueva época, en la que, el tipo más elevado de pensamiento filosófico, sería el de los teólogos.

Es cierto que incluso la fe de un agustiniano presupone un cierto ejercicio de la razón natural; no podemos creer en algo, ya sea en la palabra de Dios, a menos que encontremos algún sentido en las fórmulas en las que creemos. Y difícilmente se puede esperar que creamos en la Revelación de Dios, a menos que se nos den buenas razones para pensar que tal Revelación realmente ha

---

[8] Agustín DE HIPONA, *Confesiones* 6.5.7.

tenido lugar. Como dirían los teólogos modernos: que haya motivos de credibilidad.

Sin embargo, al fin y al cabo, las razones más poderosas para creer que Dios ha hablado no pueden llevarnos más allá de esa misma creencia. Ahora bien, creer que Dios ha hablado, y que lo que Dios ha dicho es verdad, es algo esencialmente diferente de una comprensión racional de la verdad que sostenemos por fe. *Creemos* que es verdad, pero los cristianos no pueden esperar *conocer*, al menos en esta vida, las verdades en las que *creen*. Sin embargo, encuentran entre las verdades en las que creen la promesa divina de que *más tarde* contemplarán al Dios de su fe y, en esa contemplación, encontrarán la beatitud eterna. Así, ya en esta vida, hay un esfuerzo ferviente por investigar los misterios de la Revelación a la luz natural de la razón. El resultado de tal esfuerzo es precisamente lo que Agustín solía llamar *intellectus*: comprensión, es decir, alguna visión racional de los contenidos de la Revelación. La razón humana se abre camino a tientas hacia la luz plena de la visión beatífica.

Tal es el significado crucial de la famosa frase de Agustín: «El entendimiento es la recompensa de la fe. Por tanto, no trates de entender para creer, sino cree para entender»[9]. Y de nuevo, en una declaración más larga y completa:

---

[9] Agustín DE HIPONA, *On the Gospel of Saint John, 29.6, in Homilies on the Gospel according to St John and His First Epistle*, trad. Henry Browne, Library of Fathers of the Holy Catholic Church, 2 vols. J.H. Parker, Oxford 1848-49; 1, 440. Cf. *Homilies on the Gospel of John 1-40*, trad. Edmund Hill, ed. Allan D. Fitzgerald, *the Works of Saint Augustine: A Translation for the 21st Century*. New City Press, Hyde Park, NY 2009.

Si creer no fuera una cosa y entender otra, y solo si primero creemos en la cosa grande y divina que deseamos entender, el profeta habría hablado ociosamente cuando dijo: «Si ustedes no creen, no asistirán» (*Is* 7, 9). Nuestro Señor con sus palabras y obras, exhortó a aquellos a quienes llamó a la salvación, para que creyeran primero. Pero después, cuando estaba hablando del don que daría a los creyentes, no dijo: «Esta es la vida eterna: que crean», sino «esta es la vida eterna: que te *conozcan* a ti, el único Dios verdadero, y a tu enviado Jesucristo» (*Jn* 17, 3). Además, dijo a los que ya eran creyentes: «busquen y encontrarán» (*Mt* 7, 7). Porque lo que se cree desconocido no puede llamarse encontrado, ni nadie es capaz de encontrar a Dios, a menos que primero crea que finalmente lo encontrará ... Lo que buscamos en Su exhortación, lo encontraremos cuando él nos lo muestre, en la medida en que nos sea posible encontrarlo en esta vida… y sin duda debemos creer que después de esta vida esto se percibirá y alcanzará más clara y perfectamente[10].

---

[10] Agustín DE HIPONA, *On Free Will*, *2.2.6*; trad Erich Przywara, *An Augustine Synthesis*. Sheed and Ward, London and New York 1936 p 58-59 Cf. *The Free Choice of the Will*, trad Robert P. Russell, The Fathers of the Church 20. The Catholic University of America Press, Washington, DC 1968 p 83-86; la traducción de Russell tambíen contiene *The Teacher* p 1-61 and *Grace and Free Will* p. 243-308. Otros textos de Agustín sobre el mismo tema pueden encontrarse en PRZYWARA, *understanding to faith* p. 41-58 y p. 58-67. Cf. Jacques MARITAIN, *St Augustine and St Thomas Aquinas,* trad. Fr. Leonard, en *A Monument to Saint Augustine: Essays on Some Aspects of His Thought Written in Commemoration of His 15th Centenary*. Sheed and Ward, London 1930. Meridian Books, Saint Augustine New York, 1957.

De la declaración explícita de Agustín se desprende, en primer lugar, que la misma Revelación nos invita a creer que si no creemos, no entenderemos; en segundo lugar, que lejos de invitarnos a prescindir de la razón, el mismo Evangelio ha prometido a todos los que buscan la verdad en la Palabra revelada, la recompensa del entendimiento. De donde se deduce que, en lugar de implicar su rechazo definitivo, la doctrina de san Agustín estaba logrando una transfiguración del ideal griego de sabiduría filosófica.

Lo que los más grandes entre los paganos, como Platón y Plotino, siempre habían esperado, ahora estaba al alcance. Pues los filósofos griegos habían amado apasionadamente la sabiduría, pero no podían aprehenderla; y allí estaba ahora, ofrecida por Dios mismo a todos los hombres como medio de salvación por la fe y a los filósofos como guía infalible hacia el entendimiento racional.

Desde el siglo IV después de Cristo hasta nuestros días, siempre ha habido hombres que han sostenido, o revivido, el ideal agustiniano de la sabiduría cristiana. Todos los miembros de la familia agustiniana se parecen entre sí por su aceptación común del principio fundamental: a menos que creas, no comprenderás. Además, siendo cristianos, todos ellos están de acuerdo en que la única fe concebible es la fe en la Revelación cristiana. Sin embargo, a pesar de su inconfundible aire familiar, los miembros de esa familia notablemente unida siempre han brillado por su originalidad personal. No se puede dejar de conocer a un agustiniano cuando se le encuentra en la historia, pero no es fácil adivinar lo que va a decir. La razón de ello es que, si bien todos los miembros de la familia tienen la misma fe, en cualquier lugar y época que les toque vivir, no todos usan su entendimiento de la misma manera. La fe sostenida por Agustín en el siglo IV era sustancialmente la misma que la de san Anselmo en el siglo XI, la de san Buenaventura en el XIII, la de Nicolás Malebranche en el XVII y la de Vincenzo Gioberti en el XIX; pero, mientras que su conjunto de creencias comunes exhibe esta notable estabilidad, las opiniones recibidas sobre el uso adecuado de la razón humana cambiaban constantemente a su alrededor.

En resumen, todos los agustinianos concuerdan en que, a menos que creamos, no entenderemos; y todos ellos están de acuerdo en lo que debemos creer, pero no siempre están de acuerdo en qué es comprender.

De ahí la notable capacidad de la familia agustiniana para resistir la prueba del tiempo. Las revoluciones intelectuales más drásticas no hacen más que proporcionar a los agustinianos una nueva circunstancia para manifestar su permanente vitalidad. Para el mismo san Agustín, el tipo perfecto de conocimiento racional era la filosofía de Platón, revisada y actualizada por Plotino. En consecuencia, dada su propia idea de lo que es el conocimiento racional, toda la actividad filosófica de san Agustín tenía que ser una interpretación racional de la Revelación cristiana, en términos de filosofía platónica. Como diría más tarde santo Tomás de Aquino: Agustín ha seguido la estela de los platónicos hasta donde ha podido llegar con ellos[11]. La investigación histórica más rigurosa

---

[11] Tomás DE AQUINO, *Summa theologiae*, 1.84.5, Trad the Fathers of the English Dominican Province, 20 vols. Burns Oates and Washbourne,

confirma la declaración de santo Tomás: las concepciones agustinianas del hombre, de las relaciones del alma y del cuerpo, del conocimiento sensorial y del conocimiento intelectual, son obviamente reinterpretaciones cristianas de las nociones correspondientes tanto en Platón como en Plotino. Al intentar tales interpretaciones desde un punto de vista cristiano, Agustín fue forzado a ser original. En todas sus obras, el marco platónico estalla, por así decirlo, bajo la presión interna de su contenido cristiano. Esto era inevitable en la mayoría de los casos, pero muy particularmente cuando Agustín tuvo que convertir el *Logos* plotínico en el *Verbo* de san Juan, o transmutar la doctrina platónica de la reminiscencia en la doctrina

---

Londres 1911-25 2nd rev. ed. 1922; 3rd rev. ed. 1938, 4: 171. Por consiguiente, siempre que Agustín, que estaba imbuido de las doctrinas de los platónicos, encontraba en sus enseñanzas algo coherente con la fe, lo adoptaba; y lo que encontraba contrario a la fe, lo enmendaba. La misma traducción de la *Summa theologiae* apareció al menos en dos ediciones posteriores, sobre todo en el conjunto de tres volúmenes publicado por Benziger Brothers, Nueva York 1947-48 que, durante varias décadas, fue el más utilizado por los estudiantes universitarios de Aquino en Norteamérica. También se utilizó, con algunas revisiones, en el conjunto de ocho volúmenes publicado por el Aquinas Institute for the Study of Sacred Doctrine. Lander, WY, 2012, ed. John Mortensen y Enrique Alarcón. vols. 13-20 de la edición enfrentada latín-inglés de las obras de Tomás de Aquino del Aquinas Institute. En él conocemos la identidad del traductor, Laurence Shapcote, OP (1864- 1947), que anteriormente había permanecido en el anonimato bajo el nombre de Fathers of the English Dominican Province. Otra edición Latín-Inglés, usualmente llamada «Blackfriars edition», usa una traducción diferente al inglés, en un formato pequeño de 61 volúmenes con anotaciones relevantes. McGraw-Hill, New York. Eyre & Spottiswoode, London 1964-80.

cristiana de la iluminación divina[12]. Sin embargo, al fin y al cabo, hay que sostener que el resultado neto de la especulación filosofía de Agustín, era lograr una comprensión platónica de la Revelación cristiana.

Consideremos ahora a otro pensador del mismo tipo, san Anselmo de Canterbury. Como él mismo ha dicho en repetidas ocasiones, su única ambición era reafirmar lo que su maestro Agustín ya había declarado. Y eso es exactamente lo que hizo[13]. Además, Anselmo estaba plenamente convencido de la validez del método de Agustín, cuyas definiciones más exactas deben buscarse en los escritos de Anselmo más que en los de Agustín. Anselmo, no Agustín, es el responsable de la famosa fórmula: *credo ut intelligam*:

---

[12] Étienne GILSON, *Introduction à l'étude de saint Augustin*. Paris, Vrin, 1929. Edición revisada. 1943; repr. 1949; trad. L.E.M. LYNCH, *The Christian Philosophy of Saint Augustine*. Random House, New York 1960; London, Victor Gollancz, Ltd, 1961. Otros acercamientos al mismo problema pueden encontrarse en Johannes HESSEN, *Augustins Metaphysik der Erkenntnis*. Berlin, F. Dümmler, 1931; and Fulbert CAYRÉ, *La contemplation augustinienne: Principes de la spiritualité de Saint Augustin*. A. Blot, Paris 1927.

[13] San Anselm DE CANTERBURY, *Monologium, Preface, in Proslogium; Monologium; An Appendix in Behalf of the Fool by Gaunilon; and Cur Deus homo*, trad. Sidney Norton DEANE 1903; The Open Court Publishing Company, Chicago 1935 and *Proslogium*, Prefacio, p. 6-7. Para traducciones modernas de los tres trabajos mencionados, cfr. Anselmo DE CANTERBURY, *The Major Works, including Monologion, Proslogion, and Why God Became Man*, ed. Brian Davies and G.R. Evans. Oxford University Press, Oxford 1998; reed. 2008.

No me esfuerzo, oh Señor, en penetrar tu sublimidad, porque de ninguna manera comparo mi entendimiento con ella, sino que anhelo comprender en algún grado tu verdad, que mi corazón cree y ama. Porque no busco comprender para creer, sino que creo para comprender. Por esto también creo que, si no creyera, no entendería[14].

Pero Anselmo escribió sus tratados durante los últimos años del siglo xi; no había pasado por la prueba de la conversión como la de Agustín y no estaba en deuda ni con Platón ni con Plotino por su descubrimiento de lo que es realmente el conocimiento intelectual. Para él, como para todos sus contemporáneos, el conocimiento racional era conocimiento lógico. En su mente, y en la de sus discípulos, una demostración racional era una demostración dialéctica hecha de silogismos impecablemente entretejidos. En resumen, en tiempos de Anselmo, la ciencia estándar era la lógica.

En tales circunstancias, el mismo esfuerzo para lograr una comprensión racional de la fe cristiana, estaba destinado a dar como resultado una nueva traducción de las creencias cristianas en términos de demostración lógica.

¿Por qué, por ejemplo, se le ocurrió a Anselmo lo que ahora llamamos su «prueba ontológica» de la existencia de Dios? Porque una demostración puramente lógica de la existencia de Dios tenía que ser *enteramente a priori*,

---

[14] Gaunilo, *Liber pro insipiente*, ibid. Cf. el texto de la traducción al francés de Alexandre Koyré, *St Anselme de Cantorbéry, Fides quaerens intellectum; id est Proslogion, Liber Gaunilonis pro in- sipiente, atque Liber apologeticus contra Gaunilonem*. Vrin, Paris 1930, reed. 1954, 1964, 1967, 1978, 1982, 1989, 1992.

es decir, deducida del solo concepto de Dios, sin recurrir al conocimiento empírico. Cualesquiera que sean sus últimas implicaciones metafísicas, el llamado argumento ontológico es una deducción esencialmente dialéctica de la existencia de Dios, cuya necesidad interna es la del principio de no contradicción. Dios es aquello de quien no se puede concebir nada mayor; si se puede demostrar que es contradictorio pensar que el ser más grande concebible no existe, la existencia de Dios habrá quedado plenamente demostrada. Y de nada servirá argumentar, con Gaunilo y santo Tomás, que lo que tal prueba verifica es simplemente esto: que es imposible que pensemos que Dios no existe. Porque, en efecto, un lógico no necesita más que eso para obtener una plena satisfacción racional. Como cristiano, Anselmo cree que hay un Dios; como lógico, concluye que la noción de un Dios inexistente es una noción contradictoria. Así, como no puede *creer* ni *concebir* que Dios no existe, se deduce que Dios existe. Solo por medio de la lógica, Anselmo ha logrado una comprensión racional de la fe cristiana, es la misma fe de Agustín, pero con una comprensión diferente.

Una vez que un pensador cristiano llega a este punto, nada podría impedirle aplicar el mismo método a cada uno de los dogmas cristianos. Y, en efecto, Anselmo de Canterbury y sus discípulos inmediatos siguen siendo famosos en la historia de la teología por su temeridad al dar demostraciones racionales de todas las verdades reveladas. Para limitarnos al mismo Anselmo, lo encontramos demostrando, con argumentos dialécticos concluyentes, no solo la Trinidad de las Personas Divinas, como lo hizo tanto en su *Monologium* como en su *Proslogium*, sino incluso la

Encarnación de Cristo, incluyendo todas sus modalidades esenciales, como lo hizo en su *Cur Deus homo*. Como él dice en su Prefacio, la primera parte de ese tratado:

> ...dejando a Cristo fuera de la vista, como si nunca se hubiera sabido nada de Él, demuestra, por razones necesarias, la imposibilidad de que algún hombre se salve sin Él. Además, en el segundo libro, como si nada se supiera de Cristo, se muestra además como una verdad racional no menos patente que la naturaleza humana fue ordenada para ese propósito, es decir, que en algún momento el hombre gozaría de una feliz inmortalidad, tanto en cuerpo como en alma. También se afirmó que era necesario que se cumpliera este designio para el cual fue hecho el hombre; pero que no podía cumplirse a menos que Dios se hiciera hombre, de modo que todas las cosas que sostenemos con respecto a Cristo tuvieron que ocurrir necesariamente[15].

Esta audaz ambición de procurar las razones necesarias para los dogmas revelados nunca había pasado por la mente de san Agustín, pero era una consecuencia inevitable de un tratamiento solamente dialéctico de la fe cristiana. El carácter original de la doctrina de san Anselmo y el aspecto peculiar que sigue ofreciendo al historiador investigativo no tienen otra fuente y no pueden explicarse de otra manera.

Saltemos ahora al siglo XII, y el paisaje agustiniano se nos aparecerá una vez más constante en sus líneas generales y en sus miembros. La misma Revelación cristiana

---

[15] San Anselmo DE CANTERBURY, *Cur Deus homo*, Prefacio; estamos siguiendo parcialmente la traducción de Deane, p. 177-78.

sigue ahí, y todavía hay hombres cuya ambición es comprenderla. Porque, ¿qué es la sabiduría sino la comprensión racional de la fe? Pero, de nuevo, ¿qué es lo que hay que comprender? Para un hombre como Roger Bacon, que escribía en la segunda mitad del siglo XIII, no había duda de que la lógica es un instrumento necesario para cualquiera que desee adquirir conocimiento; pero al mismo tiempo Bacon opinaba que sus contemporáneos estaban sobrevalorando el valor de esta. Su propia contribución a la epistemología de la Edad Media fue poner un mayor énfasis en dos métodos racionales demasiado descuidados en las universidades del siglo XIII: la demostración matemática y la investigación experimental. Tal había sido su principal descubrimiento, y basta abrir cualquiera de sus obras posteriores para encontrarlo allí bajo la forma de su enunciado o de alguna de sus muchas aplicaciones.

Las matemáticas, dice Bacon, son superiores a todas las demás ciencias, al menos en esto:

> ...en matemáticas somos capaces de llegar a la verdad completa sin error, y a una certeza de todos los puntos involucrados sin ninguna duda. ... Pero en otras ciencias, excluida la asistencia de las matemáticas, hay tantas dudas, tantas opiniones por parte del hombre, que estas ciencias no pueden ser desplegadas...; pues en estas ciencias no hay desde la naturaleza ningún procedimiento de dibujo de figuras y de cálculos, por los cuales todas las cosas deben ser probadas. Y, por lo tanto, solo en las matemáticas hay certeza, sin duda[16].

---

[16] Roger BACON, *Opus majus 4.1.1*; en la traducción de Robert Belle BURKE. University of Pennsylvania Press, Philadelphia 1928. La

Si un hombre con este intelecto resulta ser, al mismo tiempo, no solo un cristiano, un sacerdote y un fraile gris, sino también un miembro de la familia agustiniana, podemos estar seguros de que no tardará en utilizar las matemáticas como un medio para alcanzar el más alto de sus fines intelectuales: lograr alguna comprensión de la Revelación cristiana. De ahí que veamos en el *Opus majus* de Roger Bacon sus curiosas tentativas de representar y expresar, por medio de números y de figuras geométricas, los misterios de la gracia y de la predestinación, la relación entre la unidad de Dios y la Trinidad de las Divinas Personas, la proporción necesariamente baja de los justos en comparación con el número de los pecadores, y muchas otras enseñanzas religiosas de desigual importancia[17]. Pero, a los ojos de Roger Bacon, la ciencia experimental sigue siendo mucho más importante que las matemáticas, porque, si bien es cierto que las demostraciones matemáticas son vinculantes, no pueden hacer más que convencernos de la verdad, no la demuestran. Los experimentos nos la hacen *ver*, y tal es la razón por la que incluso las matemáticas deben recurrir a veces a demostraciones experimentales. ¿Por qué entonces no añadir la experiencia interna a la externa? El misticismo se convertirá así en un conocimiento experimental de la verdad revelada, es más, de toda verdad en absoluto, porque es algo evidente que quien ha tenido una asidua formación en el uso de los

---

traducción de Burke mencionada en las notas 16-18 ha sido reeditada. Russell & Russell, New York 1962.

[17] Roger BACON, *Opus majus, 4.4, The application of mathematics to sacred subjects*; trad. Burke,1: 238-42.

sentidos espirituales será capaz de «confirmar él mismo y a los demás no solo sobre los aspectos espirituales, sino también respecto a todas las ciencias humanas».

Para Bacon, todo conocimiento no es más que un caso particular de revelación universal[18].

Bacon no iba a ser el último representante conocido de la especie augustiana. Ramon Llull, que murió en 1315, también había descubierto una nueva forma de probar la verdad, que describió extensamente en su *Ars magna*, es decir, su *Arte de probar la verdad*. Mediante la combinación de varios símbolos inscritos en círculos concéntricos, Llull esperaba deducir todo el conocimiento humano de una manera casi mecánica[19]. El único problema con su complicada máquina es que sus discípulos nunca han podido ponerse de acuerdo sobre la manera correcta de usarla. Pero el propio Llull pudo utilizarlo, y aplicó sus principios en otra de sus obras, el *Libro de las Demostraciones*, donde aún podemos encontrar sus demostraciones de los misterios más ocultos, entre ellos la Encarnación y la Trinidad. Extraer de su lógica simbólica los argumentos necesarios e incontrovertibles a favor de la verdad revelada era su propia manera de lograr su comprensión. Es cierto que el único conocimiento que se requiere del hombre para su salvación es la fe; pero, como dice el Entendimiento en el *Diálogo entre*

---

[18] Roger BACON, *Opus majus, 6.2*; trad. BURKE, 2: 586-87. Sobre este aspecto tan importante de la doctrina de Bacon, consulte el libro de Raoul CARTON, *L'expérience mystique de l'illumination intérieure chez Roger Bacon*. Paris, Vrin, 1924.

[19] Cf. la breve redacción del *Ars magna de Llull*, publicada por Carmelo OTTAVIANO, *L'Ars compendiosa de R. Lulle, avec une étude sur la bibliographie et le fond amerosien de Lulle*. Vrin, París 1930.

la fe y el entendimiento de Llull, «el que *pueda comprender, que comprenda*»[20] un lema perfecto para toda la tradición agustiniana y anselmiana.

Hasta el escritor más obstinado tiene que detenerse en alguna parte; despidámonos de aquellos teólogos medievales, no sin subrayar las graves dificultades que se derivan de una sabiduría cristiana así entendida. Estas dificultades no se derivan de ninguna inconsistencia interna en su concepción, sino más bien de las condiciones requeridas para su ejercicio. La combinación de la santidad religiosa con el genio especulativo sigue siendo siempre una posibilidad abierta; y, cada vez que se materializa, la sabiduría cristiana está al alcance.

Para hombres como san Anselmo y san Agustín, la fe religiosa está ahí, definida objetivamente en su contenido por la Revelación, como una realidad totalmente independiente de sus propias preferencias personales. En la sorprendente fórmula de Malebranche, los dogmas religiosos son sus «experimentos» en materia de filosofía. Del mismo modo que los científicos aceptan los hechos observables como la misma materia que tienen que comprender, esos genios religiosos aceptan los datos de la Revelación como los hechos dados que tienen que comprender. Sin embargo, por posible que sea, la feliz combinación de dones tan distintos debe ser necesariamente rara. Lo que sucede más

---

[20] E. Allison PEERS, Ramon LULL, *a Biography*. SPCK, London 1929 p 312-13. Una valiosa introducción al studio de Llull. Consulte tambíen Jocelyn N. HILLGARTH, *Ramon Lull and Lullism in Fourteenth-Century France*. Clarendon Press, Oxford 1971 y Amy M. AUSTIN y Mark D. JOHNSTON, *A Companion to Ramon Llull and Lullism*. Brill, Leiden 2019.

habitualmente es que, en lugar de utilizar la ciencia y la filosofía para comprender el significado racional de la Revelación, los pensadores de segunda categoría utilizarán la Revelación como sustituto del conocimiento racional, no sin causar graves daños tanto a la Revelación como a la Razón. El resultado de tales errores es, en primer lugar, hacer imposible un conocimiento verdaderamente natural y, en segundo lugar, sustituir la fe en la Palabra de Dios por un asentimiento más o menos racional a las conclusiones de las pseudo-demostraciones. Enfrentados así a una sabiduría de cristianos, elaborada por los cristianos, y para el beneficio exclusivo de cristianos, los no creyentes se encuentran en una posición bastante incómoda. No creen, por lo tanto no tienen nada que entender. La única manera de salir de tal situación es que se enfrente a la teología con una sabiduría puramente filosófica, basada exclusivamente en los principios de la razón natural e independiente de la revelación religiosa. En el próximo capítulo nuestra consideración principal será descubrir y estudiar a los filósofos de la Edad Media que sostuvieron ese ideal de una sabiduría puramente filosófica.

2.
LA PRIMACÍA DE LA RAZÓN

Los orígenes del racionalismo moderno se remontan comúnmente a la revolución intelectual que tuvo lugar en Italia cuando Galileo y otros hicieron sus primeros descubrimientos científicos.

Estoy lejos de sugerir que no haya nada verdadero en esa afirmación, ya que muchos de los aspectos más significativos del racionalismo moderno no serían lo que son sin el Renacimiento científico del siglo XVI. Esta afirmación frecuente ignora, la existencia de otro racionalismo mucho más antiguo que el del Renacimiento, uno que no tiene relación con ningún descubrimiento científico. Es un racionalismo puramente filosófico, nacido en España, en la mente de un filósofo árabe, como reacción consciente contra el teologismo de los teólogos musulmanes. El autor de esa reacción fue Ibn Rochd, más conocido por nosotros bajo la forma latinizada de su nombre: Averroes. A la muerte de Averoes en 1198, dejó a sus sucesores el ideal de una filosofía puramente racional, cuya influencia iba a ser tal que incluso la evolución de la filosofía cristiana iba a ser profundamente modificada por este.

El surgimiento de lo que ahora llamamos averroísmo seguiría siendo un misterio si no supiéramos que, desde el siglo IX, muchos teólogos dialecticos han estado trabajando para establecer alguna conciliación entre los conocimientos filosóficos y la fe islámica.

De hecho, se habían encontrado en la misma situación que los Padres de la Iglesia y los primeros teólogos escolásticos. Por un lado, tenían a su disposición traducciones de los escritos de Aristóteles, además de una compilación conocida como *La teología de Aristóteles*, aunque no era más que una colección de textos tomados principalmente de las *Enéadas* de Plotino. Y, por otro lado, tenían su propio libro revelado, el Corán, y el problema para ellos era cómo *pensar* como Aristóteles si creían como Mahoma.

El más grande de los predecesores de Averroes, Ibn Sina (Avicena), había logrado resolver este difícil problema construyendo una filosofía cuya parte suprema era una teología natural, dejando así una puerta abierta a la luz sobrenatural de la Revelación. Lo que Avicena pensaba realmente del valor racional de las creencias religiosas no está del todo claro. Como hay buenas razones para creer, no les dio mucha importancia, al menos fue lo suficientemente inteligente como para no enredarse nunca en serias dificultades teológicas. Y, sin embargo, el hombre que fue, y sigue siendo incluso en nuestros días, el más grande teólogo del Islam, al-Ghazālī, no tardó en advertir una seria divergencia entre las enseñanzas auténticas del

Corán y las conclusiones de Avicena. Después de resumir las principales tesis de Avicena, las refutó en su *Destrucción de los filósofos*, y se esforzó por probar mediante demostraciones racionales los artículos fundamentales del credo musulmán[1].

Es característico de Averroes que aceptara el reto. Contra la *Destrucción teológica de los filósofos* de al-Ghazālī, Averroes escribió la *Destrucción de la Destrucción*[2]. Para Averroes, la verdad absoluta no se encontraba en ningún tipo de Revelación, sino en los escritos de Aristóteles, que no se cansaba de comentar y anotar.

Cuando Aristóteles había dicho algo, la razón misma había hablado, y no había nada más que decir al respecto. ¿Qué hacer, entonces, en los muchos casos en que las conclusiones de Aristóteles parecen contradecir las creencias religiosas de la comunidad? El odio acérrimo de los religiosos musulmanes y la persecución contra él no permitían a Averroes ignorar la cuestión. Se ocupó de ello en su tratado: *El acuerdo entre religión y filosofía*, un hito en la historia de la civilización occidental.

---

[1] Lysa A. BELLO *The Medieval Islamic Controversy between Philosophy and Orthodoxy: Ijmāʿ and Taʾwil in the Conflict between al-Ghazālī and Ibn Rushd*. Brill, Leiden 1989; Avital WOHLMAN, AL-GHAZALI, *Averroës and the Interpretation of the Qurʾan: Common Sense and Philosophy in Islam*, trad. David BURRELL. Routledge, Londres y Nueva York 2010; y Paolo NICELLI, *Al-Ghazâlî: Pensatore e maestro spirituale*. Jaca Book, Milán 2013. Gilson usa «Koran», la transliteración del árabe «Qurʾan» que era común en ese momento.

[2] Véase la *Destructio destructionum philosophiae Algazelis de Averroes* en la versión latina de Caló CALÓNIMOS, ed. Beatriz H. Zedler. Marquette University Press, Milwaukee, WI 1961.

El título mismo de este tratado es una clara señal de que Averroes no deseaba herir los sentimientos de los teólogos. Incluso hay que decir que Averroes esperaba realmente convencer a los teólogos de que algún tipo de acuerdo entre la fe religiosa y la razón filosófica no era una imposibilidad absoluta. Ciertamente él opinaba que no debía surgir ningún conflicto entre una fe que mantiene su propio lugar y una filosofía que es lo suficientemente inteligente como para reconocer la función específica de la religión. El único problema es, ¿cuál es ese lugar y cuál es esa función?

Averroes comienza su discusión del problema señalando que, lejos de condenar el uso de la especulación filosófica, la Revelación misma la prescribe positivamente. Es un mandato imperativo de la ley religiosa que los hombres estudien la naturaleza de las cosas, para que puedan elevar sus mentes al conocimiento de su Creador. Pero, ¿no es esa también la tarea propia de la filosofía? Y si lo es, ¿no nos obliga la Revelación misma a filosofar? Ahora bien, a ningún hombre se le puede pedir que cree filosofía de la nada.

La metafísica es una ciencia muy antigua que ha sido cultivada durante varios siglos, especialmente por los griegos. Por consiguiente, la Revelación no puede prescribir el estudio de la filosofía sin requerir al mismo tiempo el estudio de la filosofía griega. Pero eso no es todo, la Ley divina hace explícitamente obligatoria la observación e interpretación de la naturaleza por la razón, para que podamos llegar a inferir a Dios a partir de su creación. Pero tal inferencia es un modo determinado de razonamiento, y nadie puede usarlo propiamente a menos que sepa primero cuáles son los diversos tipos de argumentos dialécticos y en qué difieren las conclusiones necesarias de la razón de las puramente dialécticas. En resumen Averroes concluye que un hombre no puede razonar sin saber primero qué es razonar y lo qué no es razonar, es decir, sin conocer antes la lógica. Concluyamos tranquilamente que, según la letra misma de la Ley revelada, el filósofo es el único hombre que cumple sus deberes religiosos y obedece estrictamente las prescripciones de la Revelación[3].

---

[3] El texto árabe de la Teología de Aristóteles ha sido publicado y traducido al alemán por Friedrich DIETERICI, *Die sogenannte Theologie des Aristoteles aus arabischen Handschriften zum ersten mal herausgegeben*. J.C. Hinrichs, Leipzig 1882.

Las ediciones góticas de Avicena son muy difíciles de encontrar, pero hay un compendio fácilmente disponible de su Metafísica, escrita por el mismo Avicena, y traducido al latín por Nematallah CARAME, *Avicennae Metaphysices Compendium ex Arabo Latinum reddidit et adnotationibus adornavit*. Pontificium Institutum Orientalium Studiorum, Roma 1926. Otra reformulación aún más completa de la filosofía de Avicena se puede encontrar en la traducción medieval latina *Algazel's Metaphysics: A Mediaeval Translation*, ed. J.T. Muckle. Instituto de Estudios Medievales, St Michael's College, Toronto 1933. Cf. Max HORTEN, *Die Metaphysik Avicenas, enthaltend die Metaphysik, Theologie, Kosmologie und Ethik, übersetzt und erlautert*. R. Haupt, Halle an der Salle y Nueva York 1907; Djémil SALIBA, Étude sur la métaphysique d'Avicenne. Presses Universitaires, París 1926. Véase también Y. Tzvi LANGERMANN, *Avicenna and His Legacy: A Golden Age of Science and Philosophy*. Brepols, Turnhout 2009. Miguel Asín PALACIOS, *Algazel: Dogmática, moral, ascética, Colección de estudios árabes 6*. Comas, Zaragoza 1901; Bernard CARRA DE VAUX, *Gazali*. Félix Alcan, París 1902. Cf. el famoso verso de Dante: Euclide geometra, e Tolomeo, Ippocrate, Avicena e Galieno: Averrois, che'l gran commento feo (Inferno 4.142-44).

Averroes es citado aquí en *Accord de la religion et de la philosophie: Traité d'Ibn Rochd*, ed. y trad. Léon GAUTHIER. Imprimerie orientale

En este punto, sin embargo, surge una pregunta bastante problemática: si fuera cierto que la Ley divina nos ordena buscar a Dios por los métodos racionales de la filosofía, ¿por qué, entonces, habría de haber una revelación sobrenatural? Para resolver este problema, Averroes recurrió a la distinción aristotélica entre las tres principales clases de argumentos: el retórico, el dialéctico y el necesario, y sugirió que todos los hombres se distribuyeran entre tres clases correspondientes: los que son propensos a ser persuadidos solo por un discurso inteligente, los que

---

Fontana, Alger 1905, 18-20. 3ª ed. Alger, Éditions Carbonel, 1948; repr. Vrin, París 1983; Sindbad, París 1988. El texto árabe ha sido publicado y traducido al alemán por Marcus Joseph MÜLLER, *Philosophie und Theologie von Averroës*. G. Franz, München 1859. La fecha de la edición árabe fue en 1859; la traducción alemana apareció en 1875, también publicada por G. Franz en Munich. Los dos están encuadernados en un solo volumen en la biblioteca del Instituto, de ahí la fecha equivocada de Gilson. Una traducción al inglés de la misma obra ha sido publicada en India por Mohammad Jamil-ur-REHMAN, *The Philosophy and Theology of Averroës*. A.G. Widgery, Baroda 1921. Para una traducción moderna, véase *Averroès, On the Harmony of Religion and Philosophy*, trad. George F. HOURANI. Luzac, Londres 1961. Para un estudio detallado del problema, véase Ernest RENAN, *Averroès et l'Averroisme, Essai historique*. Calmann-Lévy, París 1852, y varias ediciones posteriores; en la tercera edición (1866), véase esp. 162-72. Véase también *Averroès, L'Islam et la raison: Anthologie de textes juridiques, théologiques et polémiques*, trad. Marc GEOFFROY, introd. Alain de LIBERA. Flammarion, París 2000, p. 79-93 y 97-160. Véase también Léon GAUTHIER, *La théorie d'Ibn Rochd Averroès sur les rapports de la religion et de la philosophie*. E. Leroux, París 1909, esp. 177-82. Para los puntos de vista de varios eruditos modernos, véase *The Cambridge Companion to Arabic Philosophy*, ed. Peter ADAMSON y Richard C. TAYLOR. Cambridge University Press, Cambridge 2005.

están particularmente más abiertos a las probabilidades dialécticas, y aquellos a quienes nada puede satisfacer sino las demostraciones necesarias de los matemáticos y de los metafísicos.

La gente común constituye toda la población de la primera clase, de lejos, la más grande. Tales hombres se dejan llevar más por la imaginación que por la razón, y las únicas personas que son capaces de convencerlos son oradores elocuentes que saben cómo agitar sus sentimientos con argumentos apropiados. Todos los buenos predicadores saben cómo hacerlo. No se civilizará a una tribu de beduinos enseñándoles metafísica; si quiere que no maten, que no saqueen y que no beban, lo único que tiene que hacer es apelar a su imaginación. Dígales, por ejemplo, que hay otro mundo, donde los buenos disfrutarán de placeres carnales eternos, mientras que los malos sufrirán castigos corporales eternos. Para Averroes, la cuestión de si eso es cierto o no es de importancia secundaria. La verdadera pregunta es: ¿es cierto que todos los hombres deben dominar sus pasiones? Sabemos que lo es, y por razones filosóficas muy sólidas. Si eso es cierto, todos los hombres deberían ser persuadidos a hacerlo; pero nadie puede ser convencido por razones que no pueda comprender, y ese es el punto exacto donde la necesidad de la religión aparece plenamente. Para esta primera clase de hombres, sostiene Averroes, la religión y la Revolución son simplemente verdades filosóficas hechas aceptables para aquellos cuya imaginación es más fuerte que su razón.

No sucede lo mismo con la segunda clase de hombres, la de los de mentalidad dialéctica. Materialmente hablando, creen exactamente las mismas cosas que la base de los fieles, pero no las creen de la misma manera. Para convencer a este grupo no basta apelar a su imaginación y agitar sus emociones; no se les puede hacer creer a menos que lo que se les pide que crean sea creíble a la luz de la razón natural. En primer lugar, quieren asegurarse de que nada de lo que enseña la Revelación esté en desacuerdo con el conocimiento científico verificado.

En segundo lugar, quieren que se les den buenas razones por las que deberían creer esto en lugar de aquello. Afortunadamente, nada es más fácil para nosotros que encontrar razones a favor de lo que ya creemos. Tal es precisamente la función propia de la teología y de los teólogos: no demostrar, en efecto, la verdad de la Revelación, porque la fe ya no sería fe si pudiera ser probada racionalmente, sino encontrar algunas justificaciones dialécticas por las que la Revelación parezca ser al menos racionalmente probable, e incluso más probable que su contrario. Para Averroes, no hay ninguna razón en el mundo por la que no se deba hacer tal cosa. De hecho, la teología tiene su propia función que cumplir, porque si a los hombres de ese tipo se les prohibiera revestir sus creencias con un ropaje más o menos filosófico, pronto dejarían de creer; y al no poder captar las demostraciones reales, se quedarían sin fe ni filosofía. En resumen, tales hombres no tendrían principios por los cuales vivir.

Los verdaderos filósofos, sin embargo, no pueden adoptar tal actitud. Nada que no sean las demostraciones racionales necesarias saciarán su sed de conocimiento. El número extremadamente pequeño de hombres de mente así constituye la tercera y más alta clase de mentes humanas; pero, al mismo tiempo que disfrutan de su privilegio aristocrático, tales hombres también deben tener cuidado de discernir y respetar el sólido núcleo de verdad que se esconde detrás de las nociones de la fe sencilla, así como detrás de las probabilidades dialécticas de los teólogos. Por ejemplo, no es cierto que el mundo haya sido creado de la nada por una especie de superhombre, como sí lo fue por el Dios de la fe.

Los filósofos nunca aceptarán eso; sin embargo, saben que el mundo pende de una causa primera, tanto en su existencia como en su inteligibilidad. Del mismo modo, es simplemente falso que la causa primera haya creado el mundo en el tiempo. Ni uno solo de los muchos argumentos con los que los teólogos han tratado de probar que el mundo ha tenido un comienzo en el tiempo tiene algún valor, y ningún verdadero filósofo lo creerá jamás. Sin embargo, los filósofos saben por demostración necesaria que la causa primera está eternamente moviendo el mundo y engendrando necesariamente todo lo que es en virtud de su infinita fecundidad. Por lo tanto, se puede decir que estos tres enfoques diferentes de la misma verdad finalmente coinciden. Lo que la multitud de gente sostiene como verdadero por la fe y lo que los teólogos expresan en términos de probabilidad dialéctica no es más que la verdad filosófica misma adaptada al uso de las mentes menos formadas. La fe es el único acercamiento posible a la verdad racional para los hombres de imaginación; la teología es lo más cercano a la metafísica para una mente puramente dialéctica; pero la filosofía es la verdad absoluta, como lo establecen las demostraciones de la razón pura[4].

---

[4] Averroes, *Accord de la religion*, ed. and trad. GAUTHIER, 21-26. Ver *On the Harmony*, trad. HOURANI, 46-51.

Si todos los hombres sensatos aceptaran estas conclusiones, la interminable disputa entre simples creyentes, teólogos y filósofos llegaría a su fin o, al menos, se reduciría a algo parecido a las fricciones normales de la vida social. Ningún conflicto entre filósofos y teólogos jamás surgiría, si no fuera por la dañina inclinación de muchos de nosotros a ocuparse de los asuntos de otros. Lo que les pasa a los fieles no es que sean simples creyentes, sino que juegan a ser teólogos; los teólogos están bien, *en cuanto* teólogos, pero nada les impide que jueguen a ser filósofos; y, para ser justos, agreguemos que los filósofos son intachables siempre que dejen en paz la fe y la teología, cosa que no harán.

Sin embargo, deberían hacerlo, y el simple sentido común debería advertirles de tales motivos. De hecho, los metafísicos reflexivos nunca se encuentran en conflicto con ninguna revelación concebible. La mayoría de las veces, su especulación racional los llevará a conclusiones de las cuales la Revelación no dice nada; en tales casos, no puede haber oposición entre la Razón y la Revelación. En los otros casos, es decir, cuando la Revelación y la Razón tienen que lidiar con los mismos problemas, están obligados a estar de acuerdo o en desacuerdo. Suponiendo que estén de acuerdo, no hay conflicto. ¿Y asumiendo que no están de acuerdo? Entonces, el filósofo no debe esperar a que los fieles y los teólogos comprendan su punto de vista; aunque estuvieran inclinados a ello, simplemente no podrían hacerlo. A él le corresponde tener en cuenta sus propias dificultades y respetar, tanto en sus creencias como en sus dogmas, el núcleo de verdad filosófica que allí se encuentra. Que hagan esto los filósofos, y nunca habrá disputa entre la razón y la Revelación[5].

Así es como puede ser, pero con el debido respeto a la honestidad de las intenciones de Averroes, no veo cómo podría aplacar a los teólogos defendiendo tal política. No estoy muy seguro de que se pueda persuadir fácilmente a los filósofos de descartar la religión como si de un enfoque burdo de la filosofía se tratase; pero si un filósofo comienza a enseñar que debe haber una religión para la gran mayoría de la gente[6], a menos que sea un tonto, no puede esperar seriamente salirse con la suya. Hay poco consuelo para los teólogos al escuchar que la Revelación es lo siguiente mejor a la filosofía, y que el teólogo es descrito como un hombre que no es capaz de ser filósofo.

Como todos sabemos por amarga experiencia, algunos filósofos predican, pero a todos los predicadores les encanta demostrar. El propio Averroes lo sabía tan bien que, después de explicar a sus colegas filósofos toda la verdad sobre su superioridad, les aconsejó encarecidamente que se guardaran esa verdad para sí. Es más, incluso les aconsejó que se guardaran la filosofía para sí y que nunca la predicaran a la multitud ni lucharan por ella contra los teólogos. Los pocos dichosos a quienes Dios ha dotado de una mente filosófica deben contentarse con una posesión solitaria de la verdad racional. Discutan, pues, los filósofos estas cosas entre sí; que escriban sus conclusiones en

---

[5] Averroes, *Accord de la religion*, ed. and trans. GAUTHIER, 26. Ver *On the Harmony*, trad. HOURANI, 48.

[6] RENAN, *Averroës et l'Averroisme*, 162-72, y la crítica (en sí criticable, pero alusiva) de la posición de Renan por Gautier, *La théorie d'Ibn Rochd*, 1-18 y 177-82.

libros eruditos, que su carácter técnico protegerá contra la curiosidad de la multitud; pero no permitan que turben la paz de las mentes sencillas con demostraciones que están por encima de ellas. Así entendida, la filosofía se convierte en una ciencia esotérica y verdaderamente secreta, hasta el punto de que Averroes se preguntaba si no sería un acierto prohibir oficialmente el uso público de los libros filosóficos. De hecho, nada más sabio podía ser concebido por un hombre cuya intención principal era establecer una paz duradera entre filósofos y teólogos[7].

La posición doctrinal de Averroes era muy compleja y hay más en ella de lo que parece. A primera vista, pareciera un ataque despiadado contra la religión; y no se puede negar que, desde el punto de vista de los teólogos, no hay otra interpretación. Sin embargo, en la mente del propio Averroes, las cosas estaban lejos de ser tan simples.

Como la mayoría de los filósofos, deseaba el orden social para poder filosofar en paz, y sabía muy bien que los hombres no podían ser civilizados simplemente enseñándoles un código abstracto de ética social. En otras palabras, Averroes no consideraba la religión como una sola aproximación a la verdad filosófica, era para él mucho más. Tenía una función social definida que no podía ser cumplida por nada más, ni siquiera por la filosofía. Tal es el sentido exacto de los textos en los que alaba el Corán como un libro verdaderamente «milagroso» que yo no tengo ninguna razón para no tomar en serio esas palabras. Cuanto más convencido estaba Averroes de la

---

[7] Averroes, *Accord de la religion*, ed. y trad. GAUTHIER, p 50-51. Véase *Sobre la armonía*, trad. HOURANI, p70-71.

superioridad absoluta del conocimiento filosófico, más desconcertante debía de ser para él la existencia de un libro así, un libro a la vez totalmente antifilosófico y mucho más eficaz que la filosofía misma, para elevar a los bárbaros al nivel de la moralidad. Para dar cuenta de ese milagro, Averroes tuvo que hacer espacio en su doctrina al hecho de que hay profetas. Solo los profetas pueden obrar milagros; hay milagros de obras, como por ejemplo la división del mar, que no prueban concluyentemente la profecía de nadie, y hay milagros de conocimiento, que son la única prueba concluyente de ello. La existencia de los profetas es un hecho empírico, un hecho tan fácilmente observable como la existencia de los comerciantes o de los médicos. Los profetas no tienen pruebas de la existencia de Dios, sin embargo, saben que hay uno; y cuando lo dicen, todo el mundo lo cree. Nunca se preguntan si el hombre tiene alma o no, ellos lo saben. Además, tan pronto como comienzan a predicar que el hombre tiene realmente un alma, y que la felicidad del hombre depende en última instancia de su respeto por virtudes como la justicia y la caridad, los bárbaros más salvajes comienzan a escuchar: ¡Y he aquí que algo parecido a la verdadera civilización se establece!

A esto usted podría objetar: concediendo el gran logro de los profetas, sigue siendo un hecho que lo que dicen no es una verdad completa y absoluta. Pero esta misma objeción muestra cuán milagrosos fueron los logros de los profetas. Si un filósofo hubiera vivido en aquellos tiempos, habría demostrado la verdad completa y absoluta, y nadie la habría escuchado. De hecho, nadie escucha, ni siquiera en nuestro tiempo. Por el contrario, debido a que un verdadero Profeta como —Moisés, Jesucristo o Mahoma— está divinamente inspirado, sabe exactamente qué cantidad de verdad puede absorber la gente común y cómo captar el oído de una audiencia tan inquieta. Como dice el mismo Corán (17:88) «En verdad, si los hombres y los ángeles se reunieron a propósito para producir un libro como este Corán, no podrían producir uno igual». Y el Corán tiene razón, porque solo una inspiración divina podría haberlo producido[8].

Como se puede ver, hay una gran diferencia entre el Averroes histórico y el autor legendario del folleto que más tarde circuló con su nombre: *los tres impostores*. Lejos de considerar a Moisés, Jesús y Mahoma como tres astutos engañadores, Averroes siempre los respetó como tres mensajeros de Dios para la humanidad. Pero ni siquiera eso fue suficiente para aplacar a los teólogos; lo que querían que dijera era que la palabra de Dios está por encima

---

[8] AVERROES, *Accord de la religion*, ed. y trad. Gauthier, p 51-52. En la mencionada traducción al inglés de Jamil-ur-Rehman, 243-57. Véase *Al-Qur'ān: A Contemporary Translation*, trad. Ahmed Ali; ed. rev. Princeton University Press, Princeton, NJ 1988. La traducción es algo diferente de la usada por Gilson, quien erróneamente citó el pasaje en el Libro 19:47.

El tratado de Averroes sobre la *armonía de la religión y la filosofía* permaneció desconocido para los teólogos cristianos de la Edad Media; pero el último capítulo de la *Destrucción de Averroes* contiene un resumen de sus ideas sobre la cuestión, y fue traducido al latín en el primer tercio del siglo XIV. Cf. AVERROES, *Destructio destructionum, disput. 5,* impreso en *Aristotelis Stagiritae Omnia qvae opera existente* Venecia, apud Ivnctas, 1550-52; repr. 1562-64, volumen 9. *De declaratione, quod non possunt afferre rationem, quod Deus gloriosus sit unus: et quod impos- sibile est ponere duo necessaria in esse, et quodlibet eorum non habeat causam.*

de cualquier palabra humana, incluso la de los mismos filósofos. Ahora bien, Averroes siempre había sostenido que la verdad filosófica era una verdad absoluta, y que el Corán y sus interpretaciones teológicas no eran para él más que enfoques populares de la filosofía pura.

No es de extrañar, que tuviera que sufrir severas persecuciones. Murió en Marruecos, exiliado de su España natal, en el año 1198.

La posición de Averroes era difícil de mantener en una civilización musulmana, y estrictamente imposible para sus discípulos latinos en la Europa del siglo XIII. En primer lugar, no parecen haber conocido el tratado que había dedicado al estudio detallado de ese problema. Además, aquellos hombres que estaban familiarizados con sus comentarios sobre Aristóteles y que recibían sus conclusiones como verdaderas, no podían enseñarlas como una expresión de la verdad absoluta. Esto era así no solo porque todos ellos eran clérigos cristianos, es decir, eclesiásticos, sino también porque la mayoría de ellos enseñaban en la Universidad de París del siglo XIII, una institución clerical controlada en gran parte por las autoridades eclesiásticas. A un profesor de filosofía no se le permitiría enseñar como verdadero en la Facultad de Humanidades, algo contrario de lo que sus colegas enseñaban como verdadero en la Facultad de Teología de la misma Universidad. Al igual que la experiencia de Averroes con los teólogos musulmanes, la única verdad absoluta para los teólogos en una institución cristiana tenía que ser la verdad teológica. Siendo tal el caso, el problema de saber si tales hombres estaban o no familiarizados con el tratamiento del asunto por parte de Averroes es de menor importancia. Aun conociendo su respuesta completa al problema, no podrían haberla utilizado públicamente. De ahí su esfuerzo por elaborar una posición sobre la cuestión que resultara aceptable desde el punto de vista de la Iglesia. Como consecuencia de esto, surgió una nueva familia espiritual: los averroístas latinos.

Entre los muchos miembros de esa familia, llamo la atención sobre un primer grupo que no puedo dejar de considerar merecedor de nuestra sincera simpatía, ya que se encuentran en una situación difícil. Por un lado, como buenos cristianos y sinceros creyentes, no tenían ninguna duda que la Revelación cristiana no era solo la verdad, sino que era la verdad íntima, suprema y absoluta. Esta razón por sí sola era suficiente para hacer imposible que fueran averroístas de la misma manera que el propio Averroes. Por otro lado, y esta vez como filósofos, este grupo no pudo encontrar cómo se podía refutar alguna de las doctrinas filosóficas de Averroes. ¿Qué debían hacer en los muchos casos en que su fe y su razón estaban en desacuerdo? Por ejemplo, su filosofía demostró por razones necesarias que el mundo es eterno, perpetuamente movido por un pensamiento o mente que piensa por sí misma, gobernado desde arriba por una necesidad inteligible totalmente indiferente a los destinos de los individuos como tales. De hecho, el Dios de los averroístas ni siquiera sabe que hay individuos; solo se conoce a sí y a lo que está implicado en su propia necesidad. Así, conociendo la especie humana, no es consciente de la existencia de esas cosas efímeras, los seres individuales por los que la especie eterna está representada. Además, como individuos, los hombres no tienen intelecto propio; ellos no piensan, simplemente son pensados desde arriba por un intelecto separado, el mismo para toda la humanidad. Al no tener intelecto personal, los hombres no pueden tener inmortalidad personal, ni por lo tanto pueden esperar recompensas futuras o temer castigos eternos en otra vida. Sin embargo, al mismo tiempo que como filósofos su razón les obliga a aceptar esas conclusiones, como cristianos su fe los obligaba a creer que el mundo había sido creado libremente en el tiempo por un Dios cuya providencia paternal cuida hasta de la más pequeña de las criaturas; y si Dios cuida así de todos los gorriones, ¿qué diremos del hombre, que vale más que muchos gorriones? (*Lc* 12, 7).

¿No está cada uno de nosotros dotado de un intelecto personal, responsable de cada uno de sus pensamientos así como de sus actos, y destinado a vivir una vida inmortal de bienaventuranza o de miseria según sus méritos individuales? En resumen, la teología y la filosofía llevaban a estos hombres a conclusiones que no podían ser negadas ni reconciliadas.

Con el fin de librarse de estas contradicciones, algunos maestros de la Facultad de humanidades de la Universidad de París optaron por declarar que, habiendo sido nombrados para enseñar filosofía, y nada más, se apegarían a su propio trabajo, que consistía en exponer las conclusiones de la filosofía siguiendo los principios de la razón natural. Es cierto que sus conclusiones no siempre coincidían con las de la teología, pero así era la filosofía y no podían evitarlo. Además, debe tenerse en cuenta que estos profesores nunca dirían a sus alumnos, ni siquiera pensarían entre ellos, que las conclusiones de su filosofía eran verdaderas. Solo dirían esto: que tales conclusiones eran necesarias desde el punto de vista de la razón natural; pero ¿qué es la razón humana comparada con la sabiduría y el poder de un Dios infinito? Por ejemplo, la noción misma de una creación en el tiempo es un absurdo filosófico; pero si creemos en Dios Todopoderoso, ¿por qué no íbamos a creer también que para un Dios así, crear el mundo en el tiempo no era una imposibilidad?

Lo mismo podría decirse en todos los casos: puesto que las conclusiones de la filosofía discrepan de la enseñanza de la Revelación, considerémoslas como el *resultado necesario* de la especulación filosófica. Pero como cristianos, creemos que lo que dice la Revelación sobre estas cosas es *verdad*; por lo tanto, nunca surgirá ninguna contradicción entre la filosofía y la teología, o entre la Revelación y la razón.

La doctrina de este primer grupo de averroístas latinos es comúnmente llamada la doctrina de la doble verdad[9]. Esto es que, justificada filosóficamente como creo que está, tal designación no es históricamente correcta. Ninguno de esos hombres nunca habría admitido que dos conjuntos de conclusiones, uno en filosofía y el otro en teología, pudieran ser al mismo tiempo absolutamente

---

[9] Sobre la llamada doctrina de la doble verdad en el averroísmo latino, véase Étienne GILSON, La *doctrine de la double vérité, en Études de philosophie médiévale*. Commission des Publications de la Faculté des Lettres,Estrasburgo 1921, p 50-69. En el mismo año, y con bastante independencia del artículo anterior, un erudito italiano llegaba a la misma conclusión; cf. Bruno NARDI, *Intorno alle dottrine filosofiche di Pietro d'Abano*. Società editrice Dante Alighieri, Milan 1921, p 34-35 y 48-49. Esta obra se publicó originalmente por partes en *Nuova Rivista Storica 4* (1920): 81-97, 464-81 y 5 (1921): 300-13.

contradictorios y absolutamente verdaderos. Aún quedan muchos escritos medievales por descubrir y estudiar; y con la debida reserva en cuanto a lo que pudiera encontrarse en alguno de ellos, puedo decir que tal posición era muy improbable, y que todavía no he podido encontrar un solo filósofo medieval que profese la doctrina de la doble verdad. Su posición real era evidentemente mucho menos contradictoria y mucho menos inconcebible. Al igual que tantos hombres que no pueden conciliar su razón con su fe, y sin embargo quieren ambas, los averroístas latinos se aferraban tanto a la filosofía como a la Revelación, pero con una separación hermética entre ellas. ¿Por qué no podría un hombre estar seguro de que Averroes no puede ser refutado y, sin embargo, creer que las razones más necesarias se quedan cortas ante la infinita sabiduría de un Dios todopoderoso? No diría que es una posición lógicamente segura ni filosóficamente brillante; pero la combinación de fideísmo ciego en teología con escepticismo filosófico, no es un fenómeno raro en la historia del pensamiento humano.

Me parece oír a una de estas mentes divididas decirse a sí: he aquí todo lo que la filosofía puede explicar acerca de Dios, el hombre y el destino humano; no es mucho, pero al menos está comprobado de manera concluyente y no puedo hacer que la filosofía diga otra cosa. Si viviéramos en un mundo no cristiano, tales conclusiones no solo serían necesarias, sino que también serían la verdad; pero Dios ha hablado. Ahora sabemos que lo que parece necesario a la luz de una razón finita no es necesariamente verdad. Tomemos, la filosofía como lo que es: el conocimiento de lo que el hombre tendría como verdadero si la verdad absoluta no le hubiera sido dada por la divina Revelación. Hubo hombres de ese tipo en la Universidad de París del siglo XIII; que yo sepa, no hay razón alguna para suponer que Siger de Brabante y Boecio de Dacia, por ejemplo, ambos averroístas en filosofía, no eran también perfectamente sinceros en su fe religiosa. Tal era, al menos, la convicción personal de Dante acerca de Siger, pues, si hubiera tenido la menor sospecha sobre la sinceridad de la fe de Siger, no lo habría puesto en el cuarto cielo, el del Sol, junto con Alberto Magno y Tomás de Aquino[10].

---

[10] Dante ha colocado a Siger de Brabante en el paraíso: véase *Paradiso* 10.133-38. La presencia de un averroísta tan conocido en el cielo de Dante ha dado lugar a un sinfín de controversias. La mejor explicación de este hecho parece ser la de Bruno Nardi, a saber, que siendo el mismo Dante algo así como un averroísta, no podía tener objeciones a Siger de Brabante; Bruno Nardi, *Saggi de Filosofia Dantesca*. Società Anonima Editrice Dante Alighieri, Milán 1930. cf. Étienne GILSON, *Dante et la philosophie*. Vrin, París 1939, 264 y cap. 4: Éclaircissement: Sur l'averroïsme de Siger de Brabant; trad. David Moore, *Dante the Philosopher*. Sheed and Ward, Londres 1948, repr. 1952; más tarde reeditado como *Dante and Philosophy*, un cambio de título que Gilson prefería. Harper Torchbooks, Nueva York 1963. Sería muy difícil admitir esta conclusión, si los textos publicados recientemente por Fernand Van Steenberghen bajo el nombre de Siger podría atribuirse realmente a él; pero la evidencia interna está en contra y la evidencia externa es muy débil, por no decir inexistente. Cf. Bruno Nardi, *Il preteso tomismo di Sigieri di Brabante, Giornale critico della filosofia italiana 17* (1936). Una respuesta a la crítica de Nardi es anunciada por Van Steenberghen, en *Monographies récentes sur les philosophes du moyen âge, Revue Néoscolastique de Philosophie 40* (1937): 99-144, en 142-44. Véase la última monografía de Van Steenberghen sobre Siger: *Maître Siger de Brabant*. Publications Universitaires Lovaina; Vander-Oyez, París 1977 cap. 6: Les attitudes personnelles du philosophe, especialmente la sección *La philosophie et la foi*, pp. 229-57. Véase Georges DE LAGARDE,

Además de ese primer grupo de averroístas latinos, había otro cuyos miembros estaban igualmente convencidos de que la filosofía de Averroes era la verdad absoluta, pero no sentían dificultad en reconciliarla con sus creencias religiosas, porque no tenían ninguna.

A menudo se dice, y con razón, que la civilización de la Edad Media era esencialmente religiosa. Sin embargo, incluso en los tiempos de las catedrales y las cruzadas, no todos eran santos.

Ni siquiera sería correcto suponer que todo el mundo era ortodoxo, y hay verdaderos indicios de que a finales del siglo XIII, se podían encontrar incrédulos en las calles de París y Padua. Cuando tales hombres eran al mismo tiempo filósofos, el deísmo de Averroes era su filosofía natural. En cuanto a la Revelación, profesarían al menos de palabra, un respeto absoluto por sus enseñanzas, pero ninguno de ellos perdería la oportunidad de demostrar por razones necesarias todo lo contrario de lo que se suponía que creían. Visto desde fuera, los miembros de este segundo grupo decían exactamente las mismas cosas que los miembros del primero, pero su tono era diferente y, cautelosos como tenían que ser, solían encontrar la manera de hacerse entender.

Uno de los mejores exponentes de este grupo fue sin duda el filósofo francés Jean de Jandun, más conocido por los historiadores como el asociado de Marsilio de Padua en su campaña contra el poder temporal de los papas. En sus comentarios a Aristóteles, cada vez que llegaba a

_____

La naissance de l'esprit laïque au déclin du moyen âge, vol. 2: Marsile de Padoue, ou Le premier théoricien de l'état laïque. Éditions Béatrice, Saint-Paul-Trois-Châteaux 1934.

uno de esos puntos críticos en los que su filosofía estaba en desacuerdo con las conclusiones de la teología cristiana, nunca dejaba de reafirmar su completa sumisión a la ortodoxia religiosa; pero por lo general lo hacía de una manera bastante extraña. En algunos casos, es tan evidente que disfruta recordándonos todo lo que simplemente cree y no puede probar, que uno se pregunta qué le interesa más de esos puntos: ¿que todos ellos deben ser creídos, o que ninguno de ellos puede ser probado? He aquí uno de esos textos:

> Creo y sostengo firmemente que la sustancia del alma está dotada de facultades naturales cuyas actividades son independientes de todos los órganos corporales. ... Tales facultades pertenecen a un orden superior al de la materia corpórea y superan con creces sus capacidades. ... Y aunque el alma esté unida a la materia, ejerce sin embargo, actividades en las que la materia corpórea no toma parte. Según nuestra fe, todas esas propiedades del alma le pertenecen verdadera, sencilla y absolutamente y, por orden del mismo Dios que la creó; un alma inmaterial puede sufrir un incendio material y reunirse con su propio cuerpo después de la muerte. ... No me atrevería a demostrar todo eso, pero creo que tales cosas deben ser creídas por simple fe, así como muchas otras que deben ser creídas sin razones demostrativas, en la autoridad de las Sagradas Escrituras y de los milagros. Además, por eso hay mérito en creer, pues los teólogos nos enseñan que no tiene mérito creer aquello que la razón puede demostrar.

Sin embargo, la mayoría de las veces, Jean de Jandun se contentaba con lanzar alguna broma, lo cual hacía difícil que sus lectores tomaran en serio sus profesiones de fe: «Creo que eso es cierto; pero no puedo probarlo. ¡Buena suerte a los que puedan!». Una vez más: «Yo digo que Dios puede hacer eso, pero cómo, no lo sé; Dios lo sabe». En otra ocasión, después de haber demostrado ampliamente que la noción de creación es una imposibilidad filosófica, añade naturalmente que, sin embargo, debemos creerla. Por supuesto, dice él, a ningún filósofo jamás se le ocurrió:

> Y no es de extrañar, ya que es imposible llegar a la noción de creación a partir de la consideración de hechos empíricos; tampoco es posible justificarla con argumentos tomados de la experiencia sensible. Y es por esto que los antiguos, que solían extraer su conocimiento de argumentos racionales verificados por la experiencia sensible, nunca lograron concebir tal modo de producción.

Y aquí va la estocada final: «Hay que añadir que la creación ocurre muy raramente; nunca ha habido más que una, y eso fue hace mucho tiempo». Había un ligero toque de Voltaire en la ironía de Jean de Jandun; y sin embargo, sus bromas cuidadosamente redactadas, solo representan lo que entonces podía escribirse; y como suele ocurrir, se podría haber dicho mucho más[11].

En el año 1277, Étienne Tempier, obispo de París, condenó solemnemente 219 proposiciones tomadas de escritos averroístas o que expresaban opiniones averroístas actuales. La lista de esas opiniones es prueba suficiente

---

[11] Esos textos de Jean de Jandun, junto con otros, han sido recogidos en GILSON, *Études de philosophie médiévale*, p. 70-75.

del hecho de que el racionalismo puro estaba ganando terreno hacia finales del siglo XIII. Algunas de esas proposiciones afirman sin rodeos que «no hay vida superior a la vida filosófica» (proposición 40); o que «no hay más sabiduría en el mundo que la de los filósofos» (proposición 154); y también «que no se debe creer en nada, excepto en lo que es evidente por sí mismo o puede deducirse de proposiciones evidentes por sí mismas» (Proposición 37). Tales declaraciones no eran más que otros tantos desafíos a la primacía de la Revelación, a la verdad infalible de esta y a la supremacía de la sabiduría cristiana. Y eso no era todo, porque algunas de esas proposiciones iban aún más lejos, sosteniendo que «la Revelación cristiana es un obstáculo para el aprendizaje» (Proposición 175), que «no se sabe nada más por conocer la teología» (Proposición 153), y por último, que «La teología se basa en fábulas» (Proposición 152)[12].

Tal averroísmo no era el Averroes, quien al menos, sentía un sincero y profundo respeto por el poder moralizador de las religiones reveladas. Tenía un poco más en común con la postura de Siger de Brabante y de Boecio de Dacia, en cuyas mentes la simple fe bastaba para contener las más arriesgadas especulaciones filosóficas. De hecho, no se parecía a ninguna otra cosa en el pasado,

---

[12] Véase David PICHÉ y Claude LAFLEUR, *La condamnation parisienne de 1277: Nouvelle édition du texte latin: Traduction, introduction et commentaires.* Vrin, París 1999; Roland HISSETTE, *Enquête sur les 219 articles condamnés à Paris le 7 mars 1277.* Publications Universitaires Lovaina; Vander-Oyez, París 1977; y Luca BIANCHI, *Il vescovo et I filosofi: La condanna parigina del 1277 e l'evoluzione dell'Aristotelismo scolastico.* Pierluigi Lubrina Editore, Bergamo 1990.

pero anticipó la crítica de los dogmas religiosos, un rasgo típico del siglo XVIII francés. La creencia de que la llamada Revelación es mítica en su origen está sugerida en todas partes por Bernard Fontenelle en la *Historia de los Oráculos* (1687). Fontenelle, un hombre prudente, se limitaba a sugerir las ideas que tenía en mente, mientras que cuatro siglos antes que él algunos de los averroístas latinos se habían atrevido a decirlo con más claridad.

Los historiadores que investigan los orígenes del racionalismo moderno nunca deberían haber pasado por alto la existencia de un racionalismo medieval, ya que en realidad la tradición averroísta del racionalismo forma una cadena ininterrumpida que se extiende desde algunos maestros de humanidades de Paris y Padua hasta los *libertinos* de los siglos XVII y XVIII[13]. Pero es aún más importante que tomen nota de ello, quienes resumen en una simple fórmula los seis siglos de civilización medieval.

No estoy dispuesto a contemplar la vida intelectual de la Edad Media si san Agustín no hubiese existido. Y me siento igual de incapaz de imaginar lo que podría haber sido de ella sin Averroes y sus discípulos latinos, no solo porque ellos no habrían estado allí, sino también porque, de no haber estado allí, la obra de santo Tomás de Aquino no habría sido lo que fue.

---

[13] Sobre la continuidad de la tradición averroísta, véase RENAN, *Averroës et l'Averroisme; J.-Roger Charbonnel, La pensée italienne au XVIe siècle et le courant libertin.* Campeón, París 1919; Henri BUSSON, *Les sources et le développement du rationalisme dans la littérature française de la Renaissance, 1533-1601.* Letouzey et Ané, París 1922.

3.
LA ARMONÍA DE LA RAZÓN
Y LA REVELACIÓN

AUNQUE EN OPOSICIÓN RADICAL, el teologismo enraiza-
do en los primeros siglos y el racionalismo del siglo XIII,
tenían al menos un rasgo en común: su unilateralidad.

El teologismo sostendría que cada parte de la Revelación debe ser comprendida, mientras que el racionalismo
defendería que ninguna parte de la Revelación puede ser
comprendida. La importancia histórica de santo Tomás
de Aquino radica en el hecho de que fue el primer pensador medieval que fue a la raíz del problema. Sin embargo, sería bastante injusto para sus predecesores olvidar lo
que ya habían hecho para aclararlo.

Moisés Maimónides, el más grande de los teólogos
judíos, había definido claramente en su *Guía para los per-
plejos* los datos para una solución completa de la cuestión.
Además, desde comienzos del siglo XIII, entre los propios
teólogos cristianos había una tendencia creciente a tra-
zar una línea divisoria entre el orden de lo que *creemos* y

el orden de lo que *conocemos*. Alejandro de Hales, san Buenaventura y, lo que es aún más evidente, san Alberto Magno habían insistido en la importancia fundamental de esta diferencia. Pero el verdadero reformador no es el hombre que ve que se necesita una reforma; ni es el que, a tiempo y destiempo, predica la necesidad de esta; el verdadero reformador es el hombre que la logra.

Santo Tomás de Aquino estaba increíblemente equipado para resolver un problema de ese tipo porque era un problema de orden. Ahora bien, cualquiera que esté familiarizado con la obra de Tomás de Aquino sabe muy bien que él simplemente no pudo evitar poner cada cosa en su lugar: cada cosa en su lugar, un lugar para cada cosa. Ahora bien, en la vida cotidiana, el problema de poner una cosa en su lugar apropiado es sencillo, normalmente se trata de ponerla siempre en el mismo lugar y recordar dónde está. No es así en la filosofía, donde solo existe un lugar concebible y apropiado para cada cosa. A menos que la encuentre, esa cosa está perdida, no en el sentido habitual de que no se encuentra donde esperaba que estuviera, sino en el sentido más radical de que ya no se encuentra en ninguna parte. Fuera de su propio lugar, la cosa simplemente no puede existir, porque el lugar de cada cosa está determinado por su propia esencia; y a menos que se sepa primero lo que es la cosa, nunca podrá definir sus relaciones con lo que no es.

Planteada de esta manera como un principio abstracto, la idea general de este método es bastante fácil de comprender, pero nadie puede aplicarla a casos concretos a menos que posea dos cualidades intelectuales cuya combinación en la misma mente es bastante inusual: una modestia intelectual perfecta y una audacia intelectual casi temeraria. Tomás de Aquino tenía ambas cualidades en un grado increíblemente alto. Tenía modestia intelectual, porque siempre comenzaba por aceptar las cosas tal como eran, nunca esperó que las cosas se ajustaran a las definiciones que él pudiera dar; muy a la inversa, lo que él llamaría el verdadero conocimiento de una cosa era la expresión intelectual adecuada de la cosa tal como es en sí.

Pero también tenía audacia intelectual: después de aceptar una cosa tal como era, insistía en tratarla de acuerdo con su propia naturaleza, y lo hacía sin miedo y sin concesiones. En el caso que nos ocupa, el problema era que algunos teólogos querían teologizar en filosofía, mientras que unos filósofos querían filosofar en teología. En consecuencia, Tomás de Aquino sabía que la única manera de poner fin a esa disputa era manejar los problemas filosóficos como filósofo y los problemas teológicos como teólogo.

Para aclarar la dificultad, comencemos por definir la naturaleza propia de la fe religiosa. Tener fe es asentir a algo porque es revelado por Dios, y ¿qué es tener ciencia? Es asentir a algo que percibimos como verdadero a la luz natural de la razón. Cualquiera que se ocupe de las relaciones entre razón y Revelación debe tener muy presente la diferencia esencial entre estos dos órdenes distintos de asentimiento. Sé por la razón que algo es verdad porque *veo* que es verdad; pero creo que algo es verdad porque *Dios lo ha dicho*.

En esos dos casos, la causa de mi asentimiento es específicamente diferente; en consecuencia, la ciencia y la fe deben ser consideradas como dos tipos de asentimiento específicamente diferentes.

Si se trata de dos especies distintas de conocimiento, nunca debemos pedir a una de ellas lo que es función propia de la otra. Nunca debemos hacerlo por la sencilla razón de que, dado que son específicamente distintas, la una no puede ser la otra.

Por ejemplo, no puedo pedirle que *crea* que estoy aquí en frente suyo; usted no puede creerlo, porque lo está *viendo*. Por otra parte, no puedo hacerle *ver* que ahora le estoy interpretando el artículo quinto de la segunda cuestión de la segunda parte de la *Summa theologiae* de santo Tomás. Solo puedo pedirle que *lo crea*. Más tarde, si comprueba mi referencia, *verá* si he acertado o no al citarla; y entonces sabrá si tenía razón o no, porque entonces ya no le será posible creerlo. Ahora bien, la misma distinción debe aplicarse al problema de la razón y la revelación. De acuerdo con su definición, la fe implica el asentimiento del intelecto como verdadero a lo que este no *ve*, ya sea como uno de los primeros principios o como una de sus conclusiones necesarias. En consecuencia, un acto de fe no puede ser causado por una evidencia racional, sino que implica una intervención de la voluntad. Por el contrario, en el conocimiento científico, mi asentimiento está suficiente y completamente determinado por su mismo objeto; de donde se sigue que, en palabras del mismo Tomás de Aquino, puesto que «es imposible que una misma cosa sea creída y vista por la misma persona ... es igualmente imposible que para la misma persona, una misma cosa sea objeto de ciencia y de creencia». En resumen, una misma cosa no puede ser al mismo tiempo objeto de ciencia y objeto de fe.

Lo que dicen esas líneas parece ser bastante obvio; y en cierto modo, lo fue. Sin embargo, estas simples afirmaciones son un hito en la historia del pensamiento occidental. Al adoptar tal posición, Tomás de Aquino estaba desafiando la distinción —confusamente implícita en tantas teologías— entre la fe sencilla de la gente común y la fe iluminada de los *Meliores*, que añaden a la fe su entendimiento[1].

Es característico que santo Tomás no tolerara ni siquiera la sombra de tal confusión: «Lo que se propone ser creído igualmente por todos es desconocido por todos como objeto de la ciencia: tales son las cosas que son simplemente de fe». Por consiguiente, si se trata de cosas que son esencialmente de fe, resulta absurdo hacer una distinción entre los simples creyentes y la aristocracia de los que añaden a esa misma fe su comprensión. Como creyentes,

---

[1] El gnosticismo, la creencia en una distinción entre la fe, considerada como un tipo inferior de conocimiento religioso, y la gnosis, como una experiencia intelectual de la verdad religiosa, nunca ha sido aceptada por ningún Padre de la Iglesia o teólogo medieval, para quien no había más que una fe católica, la misma para todos los cristianos, a la que el asentimiento de los teólogos más eruditos estaba tan estrictamente ligado como el de los más analfabetos. Sin embargo, Clemente de Alejandría, por ejemplo, admitía ciertamente una jerarquía, si no de creencias, al menos de creyentes. Su «cristiano gnóstico» cree las mismas cosas que todos los demás cristianos, pero su propia fe está coronada por un «conocimiento» religioso que no está al alcance de los creyentes comunes; véanse los textos de Gustave BARDY, Clément d'Alexandrie. J. Gabalda, París 1926, p 246-312. Un ligero toque de ese sentimiento religioso aristocrático se puede detectar todavía en un texto temprano de san Agustín: *nam et a melioribus etiam dum has terras incolunt, et certe a bonis et piis omnibus post hanc vitam* ... (De libero arbitrio 2.2.6). Todos los hombres buenos y piadosos (*omnes*) verán a Dios en la vida futura, pero los *meliores* ya pueden conocer algo sobre él.

todos los cristianos se encuentran en el mismo aprieto, porque todos están de acuerdo en lo que creen, y ninguno de ellos tiene conocimiento científico al respecto.

¿Qué debemos responder cuando los grandes teólogos, que a veces son también grandes santos, nos instan a aceptar sus razones como demostraciones necesarias de lo que consideramos verdadero por la fe? Simplemente que no puede hacerse. La autoridad de un santo tan elevado y de un teólogo tan grande como el mismo san Anselmo no tiene absolutamente nada que ver con la cuestión. En efecto, como dice santo Tomás, «las razones de las que se valen los santos hombres para probar las cosas que son de fe no son demostraciones. ¿Por qué? Porque no pueden serlo. Si lo que pretenden demostrar fuera realmente demostrable, llegaría a ser conocido científicamente y, por lo tanto, ya no se podría creer[2].

Santo Tomás no se contentó con una simple exposición abstracta de su respuesta general a la pregunta, sino que la aplicó a la solución de muchos problemas particulares. Y no es de extrañar, porque en todos esos casos estaba en juego la naturaleza misma de la Revelación, de la fe y de la teología. A su manera, la teología es una ciencia cuyas conclusiones siguen necesariamente sus principios; pero esos principios son artículos de fe, y la fe es un asentimiento a la palabra de Dios aceptada como palabra de Dios.

---

[2] Tomás DE AQUINO, *Summa theologiae*, 2-2.1.5; trad. the Fathers of the English Dominican Province (Laurence Shapcote), 20 vols. Burns, Oates and Washbourne, London 1911-25. Ver respuesta 2 a la cita sobre las traducciones al inglés de la Summa theologiae véase arriba, *Chapter* 1, n. 11.

Si por el contrario dijéramos, que hay demostraciones necesarias de la verdad revelada, ya no podríamos creer en ella: no habría artículos de fe, ni principios de razonamiento teológico, ni teología concebida como un conocimiento de orden distinto. En otras palabras, la teología revelada, o la teología de la Revelación, desaparecería como conocimiento religioso; lo que quedaría en su lugar sería la teología natural, es decir, la metafísica.

Esta fue la razón fundamental por la que santo Tomás de Aquino nunca dejó de subrayar, cada vez que encontraba la ocasión adecuada para hacerlo, el carácter trascendente y la dignidad incomparable de la Palabra de Dios. Si la esencia de un artículo de fe se basa únicamente en la autoridad divina, sus demostraciones no pueden ser demostraciones necesarias. Ahora bien, nuestra fe en la Revelación no debe ser un asentimiento simplemente natural a alguna probabilidad racional. Cuando algo es racionalmente probable, no es más que una opinión, porque su contrario también es racionalmente probable. La fe religiosa no es una opinión. Es la certeza inquebrantable de que Dios ha hablado, y de que lo que Dios ha dicho es verdad, aunque no lo entendamos. De ahí las constantes advertencias de Tomás de Aquino de no sobreestimar el valor de tales probabilidades, no sea que, como él mismo dice, «la fe católica parezca estar fundada en razonamientos vacíos, y no, como lo es, en la enseñanza más sólida de Dios»[3]. De

---

[3] Tomás DE AQUINO, *Suma contra los gentiles*, 2.38; trad. the Fathers of the English Dominican Province (Laurence Shapcote). Burns, Oates y Washbourne, Londres, Benziger Brothers, Nueva York 1923-29. Para

nuevo: «Y es útil considerar esto, no sea que alguno pretendiendo demostrar lo que es de fe, exponga razones que no son convincentes, y así dar ocasión a los incrédulos de reírse y pensar que tales cosas son los fundamentos por los cuales creemos las cosas que son de fe»[4].

Al excluir así de la teología todas las demostraciones necesarias de naturaleza puramente racional, Tomás de Aquino se desvinculaba del teologismo de la «familia Tertuliana» a principios y finales de la Edad Media. Desde entonces y hasta nuestros días, siempre ha habido hombres que sostienen que la Revelación es un orden de verdad autosuficiente y autónoma, cuyo fundamento último es únicamente la autoridad divina y no la luz natural de la razón. Sin embargo, debe añadirse inmediatamente: que la distinción específica introducida por Tomás de Aquino entre la fe y el conocimiento racional no fue entendida por él como una separación, y menos aún como una oposición averroísta. A aquellos profesores de filosofía que consideraban conveniente exponer sus conclusiones como necesarias pero no como verdaderas, Tomás de Aquino les objetó que su postura era imposible. Al describir su auténtica actitud, tuvimos que enfatizar el hecho de que no se podía citar a ningún averroísta que dijera que creía por fe como verdadero lo contrario a lo que conocía que era verdad por razones necesarias.

---

otra traducción, véase *On the Truth of the Catholic Faith*, trad. Anton C. Pegis, James F. Anderson, Vernon J. Bourke, y Charles J. O'Neill, 4 vols. Doubleday, Garden City, NY 1955-57, repr. como *Summa contra Gentiles*. University of Notre Dame Press, Notre Dame, IN 1975. Cf. *Summa contra Gentiles 1.8*; trad. Shapcote, 1:15.

[4] *Tomás DE AQUINO, Summa theologiae, 1.46.2, respuesta; trad. Shapcote, 2: 250.*

Incluso añadimos que, psicológicamente hablando, esta no era en absoluto una actitud inconcebible; pero Tomás de Aquino tenía razón al señalar el hecho de que su posición filosófica implicaba un absurdo latente.

Al igual que el propio Averroes, Tomás de Aquino estaba convencido de que nada debía entrar en la estructura del conocimiento metafísico, salvo las demostraciones racionales y necesarias. Por la misma razón, incluso estaba de acuerdo con Averroes en que las llamadas razones necesarias de tantos teólogos eran simples probabilidades dialécticas. Como él dijo una vez de tales argumentos, nunca convencen a nadie a menos que ya crea lo que se supone que deben demostrar.

Por otra parte, Tomás de Aquino tenía en común con Averroes una inmensa admiración por Aristóteles, cuyos principios fundamentales identificaba ciertamente con los de la razón natural. Para Tomás de Aquino, Averroes era lo que era para todos los demás en la Edad Media: el comentarista de Aristóteles *por excelencia*. Sin embargo, santo Tomás nunca consideró a Averroes como un intérprete intachable de Aristóteles, ni al propio Aristóteles como un filósofo infalible. La actitud de los averroístas latinos era totalmente diferente. Mientras que Tomás de Aquino seguiría a Aristóteles *cuando* tuviera razón (pero no más allá) y *porque* tenía razón (pero no por otro motivo), los averroístas latinos considerarían a Averroes, Aristóteles y la razón humana como tres palabras diferentes para una misma cosa. Esta actitud sorprendente explica no solo la esterilidad filosófica de la escuela en su conjunto, sino también la resignación pasiva de algunos de ellos entre las contradicciones de la fe cristiana y de la razón natural.

Convencidos como estaban de que no se podía alterar una sola palabra en las obras de Averroes sin arruinar la filosofía misma, no podían hacer más que una de dos cosas: abandonar sus creencias religiosas, en cuyo caso no quedaba nada que armonizar, o aceptar la contradicción como una condición normal de la mente humana.

Santo Tomás de Aquino hizo todo lo posible para convencerlos de que su mal orientada devoción, al pie de la letra, de lo que ellos consideraban filosofía, era destructiva de la filosofía. Decir que las conclusiones de Averroes eran racionalmente necesarias, pero no necesariamente verdaderas, era vaciar de todo significado la palabra «verdad». Si lo que aparece como necesario a la luz de la razón natural no puede ser postulado como verdadero, ¿qué otra cosa será postulada como verdad en filosofía?

¿Aquello que no es contradicho por la Revelación? Pero si la evidencia racional no llega a la verdad en un solo caso, se vuelve insignificante en todos los demás. De ahí la interpretación y objeción de santo Tomás; si lo que es racionalmente necesario es por ello necesariamente verdadero, esos averroístas estaban enseñando en realidad una doctrina de la doble verdad; sostenían dos conjuntos de proposiciones contradictorias como simultáneamente verdaderas.

Al reunir los resultados de las dos distintas críticas dirigidas por Tomás de Aquino contra el teologismo de san Anselmo y el averroísmo de Siger de Brabante, comenzamos a discernir los rasgos generales de una tercera posición en el problema, así como de una tercera familia espiritual, la de los tomistas. Todos sus miembros concederán que existe una verdadera Revelación: la Revelación Cristiana. Lo conceden, pero no lo dan por sentado.

Ningún hombre admitiría jamás que Dios ha hablado a menos que tuviera pruebas sólidas de ello. Tales pruebas se encuentran en la historia, donde los milagros de Dios, y especialmente el más grande de todos, la vida y el crecimiento de Su Iglesia, prueban Su presencia, la verdad de Su doctrina y la permanencia de Su inspiración. Si verdaderamente Dios ha hablado, su Revelación tiene que ser necesariamente verdadera, y es necesario que nosotros la creamos. Porque este es el objetivo y el alcance propios de la Revelación: proporcionar a todos los hombres, filósofos o no, el conocimiento de Dios, del hombre y de su destino, requeridos para su salvación eterna. Ahora bien, ese conocimiento se compone de varios elementos diferentes, entre los cuales se deben distinguir cuidadosamente dos clases principales. El primero de ellos comprende cierto número de verdades reveladas, que aunque sean reveladas, son alcanzables por la sola razón.

Tales son, por ejemplo, la existencia de Dios y sus atributos esenciales, y la existencia del alma humana y su inmortalidad. Tomás pregunta: ¿Por qué Dios reveló a los hombres incluso algunas verdades que la razón natural podía alcanzar? Porque muy pocos hombres son metafísicos, mientras que todos los hombres necesitan ser salvados. Al revelarlas a la humanidad, Dios nos ha permitido a cada uno de nosotros conocer de inmediato toda la verdad salvadora, con absoluta certeza y en su perfecta pureza[5]. Sin embargo,

---

[5] Tomás DE AQUINO, *Summa theologiae*, 2-2.2.4; trad. Shapcote, 9: 36-37. *Summa contra Gentiles*, 1.4; trad. Shapcote, 1: 7-9. Para otra traducción ver *Summa contra Gentiles*, trad. Pegis, Anderson, Bourke, and O'Neil, 1: 66-68.

cualquier parte de la Revelación que sea alcanzable por la razón natural debe considerarse más bien como una presuposición necesaria para los asuntos de fe que como un artículo de fe propiamente dicho[6]. Solo aquellos que no pueden ver la verdad a la luz de la razón están obligados en conciencia a aceptarla por simple fe.

El segundo grupo de verdades reveladas contiene todos los artículos de la fe propiamente dichos, es decir, la parte de la Revelación que supera toda la realidad humana. Tales son, por ejemplo, la Trinidad, la Encarnación y la Redención. Ninguna especulación filosófica puede dar ninguna razón necesaria en favor de una verdad de ese tipo; ninguna conclusión filosófica puede ser deducida de ningún artículo de fe, porque son principios creídos de consecuencias teológicas igualmente creídas, no principios inteligibles de conclusiones racionales demostradas. Sin embargo, si la razón no puede probar que sean verdaderas, tampoco puede probar que sean falsas. Todo lo contrario; para cualquier creyente sincero que es al mismo tiempo un verdadero filósofo, la más mínima oposición entre su fe y su razón es una señal segura de que algo está sucediendo con su filosofía. Porque, en efecto, la fe no es un principio de conocimiento filosófico, pero es una guía segura para la verdad racional y una advertencia infalible contra el error filosófico.

---

[6] Tomás de Aquino, *Summa theologiae*, 2-2.1.5, ad 3m; trad .Shapcote, 9: 12. Un expoición complete de la postura de Tomás de Aquino se puede encontrar en *Boetium de Trinitate, 2.3, Resp.; in Thomas Aquinas, Opuscula omnia*, ed. Pierre Mandonnet, 5 vols. P. Lethielleux, Paris 1927, 3: 51. Cf. *Expositio super Librum Boethii de Trinitate*, ed. Bruno Decker. Leiden: Brill, 1955; repr. 1965, 94 (2.3 Resp. 2).

Un hombre al que no le gusta creer lo que puede saber, y que nunca pretende saber lo que solo se puede creer; y, sin embargo, un hombre cuya fe y conocimiento crecen en una unidad orgánica porque ambos brotan de la misma fuente divina, tal es, si no el retrato, al menos un esbozo del miembro típico de la familia tomista. Tommaso de Vio (cardenal Cayetano) y Juan de Santo Tomás eran hombres de ese tipo. Y todavía hoy se puede encontrar entre nosotros uno de sus mejores ejemplos: la persona de M. Jacques Maritain[7].

Si a Tomás de Aquino le hubiera sido dado convencer, si no a sus contemporáneos, al menos a sus sucesores inmediatos, la crisis intelectual y moral habría llegado pronto a su fin, y toda la historia del pensamiento occidental habría sido diferente de lo que fue. Desafortunadamente, el resultado neto de la influencia de Averroes fue engendrar en las mentes de los teólogos una creciente desconfianza hacia la filosofía. Si esa era la razón natural,

---

[7] En algún momento entre 1944 y 1956, Gilson se familiarizó con las obras de Domingo Báñez, OP (1528-1604), a quien llegó a considerar «por mucho, el más tomista de todos los tomistas a quienes tengo el privilegio de conocer» (Prólogo a Gilson, *The Christian Philosophy of St Thomas Aquinas*, trad. Laurence K. Shook. Random House, Nueva York 1956, vii. Este volumen es una traducción de la quinta edición de *Le Thomisme* de Gilson, publicada en 1944; el prólogo que contiene la observación sobre Báñez no apareció en el original francés, sino que fue escrito expresamente para la traducción al inglés.

Gilson y Maritain tenían diferencias tanto filosóficas como prácticas, pero «nunca dejaron de ser amigos» Laurence K. Shook, *Maritain and Gilson: Early Relations*, en Thomistic Papers II, ed. Leonard A. Kennedy y Jack C. Marler. University of St. Thomas, Center for Thomistic Studies, Houston 1986, 7-27, p. 26.

la Revelación estaría mejor sin su ayuda que con ella. De ahí que, incluso en los más grandes filósofos y teólogos de la Baja Edad Media, haya una tendencia creciente a atribuir a la fe no solo lo que Tomás de Aquino llamaría los artículos de fe propiamente dichos, sino incluso lo que le vimos definir como preámbulos racionales a los asuntos de fe. De este modo, la lista de verdades reveladas que pueden ser creídas o probadas se fue acortando hasta desaparecer. Un ejemplo típico de este fenómeno histórico se puede encontrar, dentro de la misma escuela tomista, en la persona de Cayetano, uno de los más grandes comentaristas de santo Tomás de Aquino.

Cayetano albergaba serias dudas sobre el poder de la razón natural para demostrar la inmortalidad del alma y, en consecuencia, la existencia de recompensas y castigos futuros. Pero Cayetano escribía en el siglo XVI y, para entonces, las otras escuelas teológicas ya habían seguido el camino hasta su final.

Ya en los últimos años del siglo XIII, Juan Duns Escoto había aumentado considerablemente la lista de las verdades reveladas que un cristiano debe creer pero no puede probar. Al final de su tratado *Sobre el primer principio*, Escoto afirma expresamente que la omnipotencia de Dios, su inmensidad, su omnipresencia, su providencia, su justicia y su misericordia hacia todas las criaturas, pero especialmente hacia el hombre, no son, como muchas creencias, susceptibles de demostración racional. Si se atribuyera a Duns Escoto la famosa *Theoremata*, la lista de esas proposiciones indemostrables de la fe sería considerablemente más larga. Pero el punto es irrelevante para el problema en cuestión. Independientemente de quién haya escrito *Theoremata* que a menudo se atribuyen a Escoto, el hecho es que el autor enumeró entre las proposiciones indemostrables, además de las anteriores, la unicidad de Dios, la creación del mundo de la nada y su conservación actual por el mismo Dios que una vez lo creó. Es cierto que todos estos artículos de fe pueden ser probados en teología por demostraciones racionales y necesarias; es decir, pueden ser probados siempre que se crean primero, pero la razón filosófica por sí sola falla rotundamente en probarlos[8].

El siguiente paso en la misma línea lo dio el franciscano inglés Guillermo de Ockham en el primer tercio del siglo XIV.

Adversario acérrimo de Duns Escoto, Ockham siempre sostuvo que no se podía probar absolutamente nada acerca de Dios a la luz de la razón natural, ni siquiera su existencia. Para él, como para Averroes, lo que la razón puede *afirmar* acerca de las cuestiones teológicas no va nunca más allá del orden de la mera probabilidad dialéctica. Es realmente probable que haya un Dios, que creó los cielos y la tierra; también es probable que el hombre haya sido dotado por Dios de un alma y que, siendo una sustancia incorpórea, esa alma sea inmortal. Ockham consideraría tales proposiciones no solo como probables, sino como claramente más probables que sus contrarios. Sin embargo, ninguna de ellas podía ser demostrada en filosofía y, por consiguiente, a pesar de todo lo que Anselmo y Duns Escoto podían decir en contra, no podían

---

[8] Juan Duns Escoto, *A Treatise on God as First Principle*, ed. and trad. Allan B. Wolter. Franciscan Herald Press, Chicago 1966; 2.ª ed. rev. ed. 1983.

ser demostradas ni siquiera en teología; en resumen, no pudieron demostrarse en lo absoluto[9].

La influencia de Ockham está presente en todas partes en el siglo XIV; invadió progresivamente Oxford, París y prácticamente todas las universidades europeas. Algunos lo profesaban, otros lo refutaban, pero a nadie se le permitía ignorarlo. Al final de la Edad Media se enarbola el naufragio total de la filosofía y teología escolásticas como consecuencia necesaria del divorcio final entre la razón y de la Revelación. Admitiendo que ni una sola de las verdades reveladas podría ser justificada por la razón natural, ¿por qué las almas piadosas habrían de prestar la menor atención a la filosofía? Esto no podía hacer ningún bien, pero podía hacer un daño infinito a la mayoría de los que lo estudiaban. Me pregunto ¿cuántos de los lectores de la *Imitación de Cristo* son conscientes de haber leído una objeción de finales de la Edad Media contra la vanidad de toda filosofía?

Muy pocos, supongo, y no culparía a los demás, porque la verdadera grandeza del libro no reside ahí. Sin embargo, quienquiera que fuera, el autor de ese famoso tratado no era ciertamente un gran admirador de los filósofos, ni siquiera de los teólogos. «Si supieras toda la Biblia de memoria —dice en el primer capítulo de su libro— y las doctrinas de todos los filósofos, ¿de qué te serviría eso sin el amor de Dios y la gracia? Vanidad de

---

[9] Marilyn MCCORD ADAMS, *William Ockham, 2 vols.* University of Notre Dame Press, Notre Dame, IN 1987; repr. 1989; y Armand MAURER, *The Philosophy of William of Ockham in the Light of Its Principles*. Pontifical Institute of Mediaeval Studies, Toronto 1999.

vanidades, todo es vanidad, excepto amar a Dios y servirle solo a Él». (*Imit.* 1.1, 10-11.) Y de nuevo:

> Llegará el tiempo en que el Maestro de maestros, Cristo, el Señor de los ángeles, aparecerá para oír a los hijos de todos, es decir, para examinar las conciencias de cada uno; y entonces escudriñará a Jerusalén con velas, y las cosas ocultas de las tinieblas se manifestarán, y las discusiones de las lenguas de los hombres callarán. Yo soy el que exalta en un momento la mente humilde, para comprender más razonamientos de la verdad eterna que si uno hubiera estudiado diez años en las universidades. [Ídem. 3.43, 8-9][10].

Es una bendición para todos nosotros que el problema de quién escribió la *Imitación* no caiga dentro del alcance de la presente investigación. Varios escritores han sido responsables de ese libro, y resulta que conozco personalmente a cuatro historiadores que han descubierto a su verdadero autor; desgraciadamente, no hay dos de ellos que hayan descubierto lo mismo. Pero me apresuro a añadir que, por lo que veo, se ha citado o podrían ser citados otros nombres sin que resulte absurdo[11]. Una vez

---

[10] Traducido por Albert HYMA, *The Imitation of Christ*. Century, Nueva York 1927. En esa edición, el segundo de los textos citados se encuentra en la p. 139 como 3.35. En algunas ediciones la cita aparece en Imit. 3.37, 8-9. El texto se basa en *Apoc.* 1, 12 y 1 *Cor* 4, 5.

[11] En 1950 Albert HYMA, *The Brethren of the Common Life*. Wm. B. Eerdmans, Grand Rapids, MI 1950, había proporcionado pruebas convincentes de que el autor era Tomás de Kempis; pero también demostró que Thomas había incorporado en él los escritos de Gerard Groote, Florens Radewijns y Gerard Zerbolt. Hyma dio crédito a Zerbolt con la escritura de «la versión original de la *Imitatio*». Para la

más, nos encontramos frente a un grupo determinado de mentes afines, cuyas respuestas al problema de la fe y de la razón eran sustancialmente las mismas.

Ya en el siglo xv se había dado un nombre a su actitud común: la *Devotio moderna*, es decir, la devoción moderna[12]. Todos los mejores historiadores de este movimiento están de acuerdo al menos en que, esta expresaba un sentimiento de lasitud, tras del fracaso de tantos filósofos y teólogos en alcanzar algo parecido a una verdad

---

opinión contraria de que Groote fue la fuente principal de Tomás de Kempis, véase *The Following of Christ: The Spiritual Diary of Gerard Groote* (1340-1384), *Founder of the Brethren and Sisters of the Community Life*, ed. James van Ginneken, trad. Joseph Malaise. America Press, Nueva York 1937. Sobre Zerbolt véase Gérard Zerbolt de Zutphen, *La montée du coeur / De spiritualibus ascensionibus*, ed. Francis Joseph Legrand. Brepols, Turnhout 2006. Para más información, véase L.M.J. Delaissé, *Le manuscrit autographe de Thomas à Kempis et "L'Imitation de Jésus-Christ", 2 vols.* Aux Éditions Érasme; Amberes y Amsterdam, Standaard Boekhandel, París y Bruselas 1956; *De Imitatione Christi*, ed. Tiburzio Lupo. Libreria Editrice Vaticana, Ciudad del Vaticano 1982. Sobre Florens Radewijns véase *Aux origines de la Devotio Moderna: Florent Radewijns, Petit manuel pour le dévot moderne: Tractatulus devotus*, intro. Thom Mertens, ed. y trad. Francis Joseph Legrand. Brepols,Turnhout 1999.

[12] Vea R.R. Post, *The Modern Devotion: Confrontation with Reformation and Humanism*. Brill, Leiden 1968; John Van Engen, *Sisters and Brothers of the Common Life: The Devotio Moderna and the World of the Later Middle Ages*. University of Pennsylvania Press, Philadelphia 2008; *Die Devotio Moderna: Sozialer und kultureller Transfer (1350-1580)*, ed. Dick E.H. de Boer, Iris Kwiatkowski, and Jörg Engelbrecht, 2 vols. Aschendorff, Münster 2013. Vea también *Thomas à Kempis, The Founders of the New Devotion: Being the Lives of Gerard Groote, Florentius Radewin and Their Followers*, trad. J.P. Arthur. London, Kegan Paul. Trübner, Trench 1905.

comúnmente recibida. Duns Escoto había discrepado de Tomás de Aquino, y Ockham había discrepado de Duns Scoto. ¿A quién creer? Es cierto que los maestros de la vida mística habían encontrado una salida a ese laberinto en lo que llamaban la unión del alma con Dios. Pero, ¿realmente lo habían encontrado? La doctrina de Meister Eckhart había sido condenada por el papa Juan XXIII en 1329; Jan van Ruysbroeck estaba siendo acusado de averroísmo por Jean Gerson, quien a su vez tenía algo de ockamismo; muchos cristianos del siglo XIV simplemente estaban hartos de todo el asunto. No les servía la teología especulativa, ni querían perderse en los oscuros y riesgosos misterios de la unión mística; lo que querían era una vida cristiana recta y práctica, y nada más. Gerard Groote fue impulsado por este motivo cuando, en 1381, estableció en Deventer la fraternidad de los *Hermanos de la Vida Común*, Groote es uno de los posibles autores de la *Imitación de Cristo*[13]. Cerca de Deventer, y en estrecha relación con los *Hermanos de la Vida Común*, estaba el monasterio de los Canónigos Regulares de Windesheim; uno de sus Priores, Jan Vos de Heusden, nos ha dejado una «conferencia» cuya doctrina se asemeja mucho a la de la *Imitación*. Uno de los candidatos más populares al título, Tomás de Kempis, había sido educado en Deventer[14].

---

[13] Vea la nota número 11.

[14] Pierre POURRAT, *Christian Spirituality, vol. 2: Christian Spirituality in the Middle Ages*, trad. S.P. Jacques. Burns, Oates y Washbourne, Londres 1924, p 253-56. Cf. Albert HYMA, *The Christian Renaissance: A History of the "Devotio Moderna"*. Century, Nueva York 1924, y el prefacio a la traducción antes mencionada de *The Imitation of Christ*, pp. vii-xxxi.

Pero no hay que olvidar que, aunque ahora las probabilidades parecen estar en su contra, Jean Gerson ha sido durante mucho tiempo uno de los favoritos. Ahora, cuando los historiadores quieren describir su actitud fundamental, ¿cómo la llaman? Una «reacción a la especulación excesiva»[15]. Desde cualquier ángulo que elijamos para considerar la situación existente en ese momento, no se puede ver nada más que agotamiento y desánimo.

Cuando las mentes más brillantes comenzaron a abandonar la idea de armonizar las enseñanzas de la Revelación cristiana con las de la filosofía, se acercaba el fin de la Edad Media. En 1475, un niño de doce años ingresó en la escuela de los *Hermanos de la Vida Común*. Se llamaba Desiderio Erasmo y era oriundo de Róterdam. Erasmo, uno de los más grandes entre las grandes figuras del Renacimiento, fue una expresión perfecta de la reacción del siglo XIV contra la filosofía escolástica y la teología escolástica. O más bien, lo que suele considerarse como un rasgo típico del Renacimiento temprano no es sino el desarrollo normal de una tendencia, probablemente tan antigua como el propio cristianismo, pero cuyos orígenes inmediatos se remontan a los primeros años del siglo XIV. «Fuera la filosofía» y «vuelta al Evangelio»: tal era, en síntesis, la doctrina de Erasmo en su *Paráclesis* (1516) y en su *Ratio seu methodus perveniendi ad veram philosophiam* (1518). Mucho antes de él, Petrarca ya había dicho más o menos lo mismo. Lo que llamamos el «humanismo cristiano» del Renacimiento debe su triunfo final al maravilloso talento de Erasmo; no obstante los

---

[15] POURRAT, *Christian Spirituality in the Middle Ages*, pp. 268-84.

fundadores medievales de la *Nueva Devoción* habían establecido las mismas premisas de las que su alumno Erasmo sacaría sus conclusiones[16].

Y eso no es todo, entre las expresiones típicas de la reacción mediática contra la especulación excesiva, hay que mencionar especialmente otro tratado anónimo, escrito por algún teólogo alemán en el siglo xiv: la llamada *Theologia deutsch*, es decir, una *teología alemana*[17]. Martín Lutero

---

[16] El rechazo de Erasmo a la teología y la filosofía escolásticas era comúnmente conocido por los eruditos, pero Gilson fue un pionero en vincular ese rasgo de Erasmo con la piedad medieval tardía. Bruce MANSFIELD, *Erasmus in the Twentieth Century: Interpretations, c. 1920-2000*. University of Toronto Press, Toronto, 2003 p. 49. *Paraclesis* de Erasmo (1516) y *Ratio seu methodus perveniendi ad veram philosophiam* (1518) sostienen que la verdadera filosofía es la «filosofía de Cristo» tal como se revela en la Biblia, no en la filosofía griega o escolástica. El verdadero trabajo de los teólogos no tiene nada que ver con el método escolástico, insiste, sino que debe basarse únicamente en la Sagrada Escritura. Su crítica más duras fue para Duns Escoto y Guillermo de Ockham, mientras que es más respetuoso con la obra de Tomás de Aquino. En 1939-1940 Gilson dio un curso de dieciséis conferencias en Toronto titulado «*Cultura clásica romana; de Alcuino a Petrarca*». El título es algo engañoso, porque el «informe literal» mecanografiado a un solo espacio del curso comienza con un estudio de Cicerón y termina con la Conferencia 16: «Erasmo de Róterdam» pp. 186-198. Un segundo texto mecanografiado a doble espacio, hecho para un curso de conferencias pronunciadas después de la Segunda Guerra Mundial, lleva el título alterado «*La continuidad de la cultura clásica de Cicerón a Erasmo*»; la conferencia 16 sobre Erasmus está en las páginas 287-299. Ambos textos mecanografiados se encuentran en la Colección Gilson, Biblioteca del Instituto Pontificio de Estudios Medievales, Toronto.

[17] Sobre este tratado, véase Maria WINDSTOSSER, Étude sur la théologie germanique, suivie d'une traduction française faite sur les éditions originales de 1516 et de 1518. Félix Alcan, París 1911. La edición

lo publicó por primera vez en 1516, y luego de nuevo en 1518, esta vez con un prefacio entusiasta, donde llegó a decir: «Declaro que no he encontrado ningún libro, excepto la Biblia y san Agustín, que me haya enseñado más del significado de Dios, de Cristo, del hombre y de todo»[18]. Aun teniendo en cuenta la falta de adecuación a la subestimación que tan a menudo delatan los escritos de Lutero, el hecho es que su descubrimiento de la *Theologia deutsch* marca una fecha importante en su evolución religiosa. Lo que le deleitaba de ese tratado era su completa indiferencia hacia la teología especulativa. Aunque Lutero estaba bien formado en la teología escolástica[19], llegó a odiarla por ser destructiva de la fe simple y, por lo tanto, del cristianismo. Es significativo que en 1517, justo un año después de la publicación de la *Teología alemana*, Lutero confiara a uno de sus estudiantes la tarea de discutir públicamente contra la teología escolástica. En este importante documento, el resentimiento de innumerables clérigos —sacerdotes, monjes, predicadores y profesores universitarios— que se había ido acumulando contra la filosofía escolástica durante al menos dos siglos, encontró por fin su expresión completa: «Contra la escolástica, dice

---

alemana de Lutero de *Theologia deutsch* ha sido traducida al inglés por Bengt Hoffman, *The Theologia Germania of Martin Luther*. Paulist Press, Nueva York 1980. Hoffman también ha proporcionado una introducción y anotaciones al texto.

[18] Como se traduce en Pierre POURRAT, *Christian Spirituality, vol. 3: Later Developments, Part 1: From the Renaissance to Jansenism*, trad. W.H. Mitchell. Burns Oates and Washbourne, London 1927.

[19] Véase el extraordinario ensayo de Paul VIGNAUX, *Luther, commentateur des Sentences (livre I, distinción XVII)*. París, Vrin, 1935.

Lutero, todo de Aristóteles es a la teología lo que la oscuridad es a la luz». Y a los que aún siguen repitiendo: «Nadie se hace teólogo sin Aristóteles», Lutero responde: «Todo lo contrario: solo sin Aristóteles podemos llegar a ser teólogos»[20].

Si se puede considerar que la *Nueva Devoción* fue, si no la causa, al menos el origen de la espiritualidad luterana, por un lado, y el humanismo cristiano de Erasmo, por otro, su significado para la historia del Renacimiento y, por lo tanto, para los tiempos modernos, no debería ser ignorado por ningún historiador acucioso. Ahora bien, el surgimiento de la *Nueva Devoción* se atribuyó en gran medida a la ruptura de la síntesis tomista bajo la presión constante de Averroes y de los averroístas latinos. Así entendida, la historia del pensamiento occidental desde el siglo XIII hasta el XVI comienza a asumir algún tipo de inteligibilidad. Lo que durante mucho tiempo se pensó que era nuevo en la época del Renacimiento ahora puede verse como arraigado en un pasado medieval por el cual solo puede explicarse. Después de los reformadores y los humanistas, los hombres del siglo XVI se encontraron frente a una teología sin filosofía: la filosofía *positiva* o *moderna* de Francisco de Vitoria y de Melchor Cano[21];

---

[20] Martín LUTERO, *Disputatio contra scholasticam theologiam (1517)*; en *D. Martin Luthers Werke: Kritische Gesamtausgabe (Weimar: H. Böhlau, 1883-2009), 1: 221-28*. Cf. Étienne GILSON, *Le moyen âge et le naturalisme antique, Archives d'histoire doctrinale et littéraire du moyen âge 7* (1932): 5-37, p. 21.

[21] Francisco DE VITORIA, OP, es de hecho más conocido por sus obras legales y éticas, la más famosa son en las que aboga por los derechos de los pueblos indígenas en las colonias españolas. Sus veinte años de

y una filosofía sin teología: la especulación puramente racional de René Descartes[22] y de Francis Bacon. A la luz

conferencias en la Universidad de Salamanca (1525-1545) se basaron inevitablemente en el pensamiento de Tomás de Aquino. Sus estudiantes publicaron más de una docena de transcripciones de ellos, conocidos como Relecciones, durante las siguientes décadas. En el siglo XX seis volúmenes de sus comentarios a las *Secunda secundae* de la *Summa theologiae* de Tomás de Aquino fueron editadas por Vicente Beltrán de Heredia (Salamanca: Apartado 17, 1932-52). Los estudiantes de Vitoria dominaron la escena intelectual de España durante la mayor parte de finales del siglo XVI. Para un breve esbozo de su vida y obra, véase James K. FARGE, *Biographical Register of Paris Doctors of Theology, 1500-1536*. Toronto, Pontifical Institute of Mediaeval Studies, 1980, 424-31.

Melchor CANO, OP, fue uno de los alumnos ilustres de Vitoria. En su *De locorum usu in scholastica disputatione y en su post humous De locis theologicis*. Salamanca, 1562; intentó restaurar una religión más original y construir un tratamiento científico de la teología despejando lo que él llamaba las «vanas sutilezas» de muchos de los teólogos escolásticos posteriores.

[22] La tesis de la Sorbona de GILSON, *La doctrine cartésienne de la liberté et la théologie*. París, Félix Alcan, 1913, se publicó separadamente como libro de bolsillo con el título modificado: *La liberté chez Descartes et la théologie*. París, Félix Alcan, 1913. La tesis y su tesis complementaria, *Index Scolastico Cartésien*. París, Félix Alcan, 1913; reedición, sin conocimiento ni permiso de Gilson. Nueva York, Burt Franklin, 1963; 2.ª ed., Ed. París: Vrin, 1979; repr. 2006, fueron recibidas con entusiasmo; véase Laurence K. SHOOK, *Etienne Gilson*. Toronto, Pontifical Institute of Mediaeval Studies, 1984, 52-59. Gilson realizó más tarde una edición crítica del *Discours de la méthode de Descartes*. París, Vrin, 1925, 1926; 2ª ed. 1930; repr. 1935, 1938, 1946, 1947, 1962, 1966. El constante ahondamiento en la escolástica medieval necesario para elaborar sus estudios cartesianos condujo inevitablemente a Gilson al estudio más intensivo de la metafísica de Tomás de Aquino, que finalmente dio lugar a cinco ediciones revisadas y muy aumentadas de su *Le*

de nuestros análisis anteriores, ¿cómo no percibir que las llamadas condiciones modernas, tanto de la teología como de la filosofía, eran el resultado prácticamente inevitable de al menos dos siglos de especulación medieval? Porque, en efecto, entre la armonía de la fe y la razón, tal como la había logrado Tomás de Aquino, y su radical divorcio provocado por los pensadores escolásticos posteriores, no quedaba espacio para una posición intermedia.

Si es cierto que, a pesar de su lenta y fluctuante evolución, la historia de las ideas está determinada desde dentro por la necesidad interna de las propias ideas, las conclusiones de nuestra investigación deberían tener un valor más que histórico.

Dondequiera y cuando quiera que se evoque el problema de las relaciones entre la fe y la razón, las condiciones abstractas de su solución están obligadas a seguir siendo las mismas. Ahora bien, no hay que olvidar que, incluso en nuestros días, la cuestión está muy lejos de estar desactualizada. Si hace treinta años alguien se hubiera hecho la pregunta: ¿Quiénes son los dos principales filósofos de nuestro tiempo? Su respuesta habría sido: William James y Henri Bergson. De hecho, aprendemos de la admirable biografía de James escrita por el profesor Ralph Barton Perry, que «la primera conjunción de esas dos grandes mentes tuvo lugar el 28 de mayo de 1905». Sabemos por el propio Bergson cómo se saludaron los

---

Thomisme. Estrasburgo, Vix, 1919; 2ª ed. París, Vrin, 1928; 2ª ed. París, Vix, 1929. París, Vrin, 1922; 3ª ed. 1927; 4ª ed. 1942; 5ª ed. 1944; 6ª ed. 1965. Esta sexta y última edición fue traducida por Laurence K. Shook y Armand Maurer como *Thomism: The Philosophy of Thomas Aquinas.* Toronto, Pontifical Institute of Mediaeval Studies, 2002.

dos grandes pensadores: «Creo que dijimos *"Bonjour"*, pero eso fue todo; hubo varios instantes de silencio, y enseguida me preguntó cómo vislumbraba el problema de la religión»[23].

Los libros *Varieties of Religious Experience* de James y *Twofold Sources of Ethics and Religion* de Bergson están ahí, como testigos irrefutables de la seriedad de su propósito. No sería inteligente ni justo tratar en cinco minutos tales obras maestras de la filosofía; pero no puedo evitar la sensación de que ambos libros serían aún más grandes de lo que realmente son si sus conclusiones hubieran tenido en cuenta siete siglos de experiencia histórica. Es psicológicamente interesante saber que a uno le hace bien *creer* que hay un Dios; pero eso no es en absoluto lo que el creyente cree; lo que realmente cree es que Dios *es*. El problema de la religión requiere que haya algún ser al que debamos estar estrechamente unidos; y el problema de la Revelación requiere que haya alguna declaración divina ante la que debamos inclinarnos.

No estoy negando la validez intrínseca de las otras posturas, pero debo subrayar el hecho de que, por útiles e instructivas que puedan resultar, finalmente dejan de lado la cuestión religiosa, de hecho, ni siquiera pueden preguntársela. Después de leer a William James, todavía quiero saber si él sostiene que mi experiencia religiosa es una experiencia de Dios o una experiencia de mí mismo.

---

[23] Sobre el significado exacto de la actitud de James hacia el problema religioso, véase Ralph BARTON PERRY, *The Thought and Character of William James, As Revealed in Unpublished Correspondence and Notes, together with His Published Writings*, 2 vols. Little Brown, Boston 1935, 1: 164-66.

Pues en ambos casos puede haber una experiencia religiosa psicológica, pero solo en el primer caso puede haber una religión. Del mismo modo, puedo seguir a Bergson en su descripción de la intuición mística como fuente de vida religiosa; pero, incluso después de leerlo, todavía me pregunto cuál es realmente la naturaleza de esa intuición. ¿Es una intuición autosuficiente de un objeto que también puede ser objeto de la fe religiosa, o es una experiencia —en la fe y a través de la fe— del Dios en el que creemos?

Una vez más, se trata de un asunto importante, y la solución está obligada a matizar todo lo que pueda decirse al respecto. Esto es tan cierto que, a pesar de su astucia para evitar, como no filosófico, el problema de una revelación histórica de Dios a los hombres, incluso los filósofos contemporáneos se ven abocados a volver a él por la naturaleza misma de la cuestión. ¿Cómo podrían evitarlo? Lo que está en juego es el sentido mismo del problema. Como dice el propio Bergson: «En el origen del cristianismo, está Cristo»[24]. Del mismo modo, después de describir minuciosamente en *La idea de lo sagrado* lo que él llama el «testimonio interno del Espíritu Santo», Rudolf Otto nos advierte, en su última página, que por encima de ese testigo está el Profeta, y que por encima del Profeta hay uno que es más que Profeta. Las cuatro

---

[24] Henri BERGSON, *Les deux sources de la morale et de la religión*. París, Félix Alcan, 1932, 256. Véase Las dos fuentes de la moral y de la religión, trans. Véase *the Two Sources of Morality and Religion*, trad. R. Ashley Audra, Cloudesley Brereton y W. Horsfall Carter. Macmillan, Londres 1935, 205.

últimas palabras del libro nos dicen por fin quién es él: «Él es el Hijo»[25].

Ahí, comienza la verdadera pregunta, sabiendo como sabemos que aquel que es más que el Profeta ha hablado, ¿qué vamos a hacer con su mensaje? Si lo que dice su mensaje escapa a veces al alcance de la razón natural, ¿qué va a decir la razón natural al respecto? Una vez que hemos llegado a ese punto, ya no podemos concebir a Dios como un mero «totalmente otro» del que da testimonio nuestra *categoría a priori* de lo «místico»; también el Hijo es un testigo, y ha dicho quién es el Padre. Esa es, por fin, una Revelación digna de ese nombre: no nuestra propia revelación de Dios a nosotros, sino la Revelación de Dios a nosotros. Tales son los únicos términos concebibles del problema real; y, puesto que son idénticos a los del problema medieval, sería prudente que cualquier persona interesada en resolverlo se familiarizara con los escritos de los teólogos medievales. Porque hay al menos una cosa que todavía podemos aprender de ellos con respecto a esa pregunta: la forma correcta de hacerla. Mientras no pidamos más que armonizar nuestros propios sentimientos religiosos con la percepción personal de conocimiento filosófico, estamos todavía muy lejos de encontrar la verdadera dificultad. Si, por el contrario, aprendemos de los teólogos medievales qué es en una verdad objetiva la fe y qué

[25] Rudolf OTTO, *The Idea of the Holy: An Inquiry into the Non-Rational Factor in the Idea of the Divine and Its Relation to the Rational*, trad. John W. Harvey 1923; repr. Oxford University Press, Londres 1926, 182. Una segunda edición de la traducción apareció en 1950, desde entonces ambas ediciones se han reeditado en numerosas ocasiones.

es un conocimiento filosófico objetivo, nos encontraremos en posesión tanto de la Revelación como de la razón. Habrá, entonces, algo que armonizar, y cualquiera que intente hacerlo terminará al final por encontrarse con el verdadero problema. Pero al hacerlo no puede evitar encontrarse con santo Tomás de Aquino.

ESTE LIBRO, PUBLICADO POR
EDICIONES RIALP, S. A.,
MANUEL URIBE, 13-15, 28033 MADRID,
SE TERMINÓ DE IMPRIMIR EN
ANZOS, S. L., FUENLABRADA (MADRID),
EL DÍA 21 DE MAYO DE 2025.